外资项目花鲜艳 扶贫开发果甘甜

“改革开放进程中的外资扶贫”有奖征文活动获奖作品集

欧青平 夏更生 主编

中国农业科学技术出版社

图书在版编目（CIP）数据

外资项目花鲜艳　扶贫开发果甘甜："改革开放进程中的外资扶贫"有奖征文活动获奖作品集 / 欧青平，夏更生主编．—北京：中国农业科学技术出版社，2009.3

ISBN 978－7－80233－808－1

Ⅰ.外…　Ⅱ.①欧…②夏…　Ⅲ.不发达地区－外资利用－经济发展－中国　Ⅳ.F124.7

中国版本图书馆 CIP 数据核字（2009）第 026970 号

责任编辑　沈银书
责任校对　贾晓红

出 版 者　中国农业科学技术出版社
　　　　　北京市中关村南大街 12 号　邮编:100081
电　　话　(010)82106625(编辑室)(010)82109704(发行部)
　　　　　(010)82109703(读者服务部)
传　　真　(010) 82109709
网　　址　http://www.castp.cn
经 销 者　新华书店北京发行所
印 刷 者　北京科信印刷厂
开　　本　880mm ×1 230mm　1/32
印　　张　8.125
字　　数　210 千字
版　　次　2009 年 3 月第 1 版　2009 年 3 月第 1 次印刷
定　　价　30.00 元

序

外资扶贫工作是整个扶贫开发工作的重要组成部分，是国家对外开放的一个重要工作领域，党中央、国务院高度重视开展扶贫领域的国际合作与交流。

自20世纪90年代以来，我国扶贫系统开始大规模直接引进和利用外资。先后与世界银行、亚洲开发银行及一些国际多、双边援助机构建立合作关系，项目内容覆盖了贫困地区的基础设施、产业开发、环境治理以及农村综合发展、公共服务产品改善、机构能力建设和扶贫研究等多领域；项目资金来源既有国际金融组织，也有多双边机构和国际NGO等多渠道，先后有50个国际机构与扶贫系统开展了合作。十几年来外资项目的实施，使大约1 600万贫困人口直接受益，生产生活条件得到改善，贫困农民收入明显提高，基础设施建设和社会事业发展条件逐步改善，为推进我国扶贫开发和减贫进程发挥了重要的作用。通过外资扶贫的开展，还引进了先进扶贫理念，推动了扶贫开发工作创新，锻炼了外资扶贫队伍，培养了一批专业人才，也为展示我国扶贫开发形象提供了窗口和渠道。

在改革开放30周年之际，国务院扶贫办外资项目管理中心举办了纪念改革开放进程中的外资扶贫有奖征文活动，各省（自治区）、市、县扶贫工作者大力支持和积极响应，投来数百篇热情洋溢的稿件。作为外资扶贫第一线人员，他们将自己的亲历亲闻、所感所悟撰写成文，不仅充分反映了外资扶贫项目给贫困地区带来的深刻变化，还真实记录了外资扶贫工作者在组织实施外资扶贫项目中的火热实践，生动展示了外资扶贫工作者的精神风貌。这些都为我们走近外资扶贫工作领域，走近这支队伍，提供了丰富翔实的资料。

正因为如此，外资项目管理中心的领导和同志们提出了要把其中获奖作品编辑成册的想法，目的是让我们每一位从事外资扶贫工作的同志能够从中汲取精神动力，进一步解放思想、开拓进取，在新阶段扶贫开发工作中，积极拓展外资扶贫工作领域，提升外资扶贫工作水平，实现更新更大的作为。

二〇〇九年二月于北京

前　言

在改革开放三十周年之际，为了生动、形象地展示改革开放以来外资扶贫的成果和经验，进一步增强做好新时期新阶段外资扶贫工作的责任感、使命感和自豪感，国务院扶贫办外资项目管理中心组织开展了以“改革开放进程中的外资扶贫”为主题的有奖征文活动。本次活动得到了省、市、县各级扶贫办、外资扶贫机构的高度重视，广大干部群众尤其是外资扶贫工作者积极响应，他们用手中的笔真实地展现了改革开放进程中外资扶贫工作给贫困地区带来的变化，抒发了对党、对人民、对家乡的炽热情感。至投稿截止日，共收到来自15个省（区、市）的各类文章135篇。我们对所有投稿作者给予本次征文活动的关注和支持表示深深的谢意！

为做好文章评选工作，保证公平、公正地选出优秀作品，我中心研究制定了本次征文活动的评选办法。根据评选办法确立的评选原则、标准和程序，经过四轮的遴选，最终确定63篇文章为获奖作品。其中，一等奖5篇，二等奖10篇，三等奖15篇，优秀奖33篇。现将所有获奖作品汇编成册，以供品评。

在此，对编辑出版此书的外资中心全体干部职工付出的辛苦劳动表示感谢！

编委会

二〇〇九年二月

目　录

一等奖（5篇）

外婆，下次何时你再来 …………………………… 韦智广 3
那棵树 ………………………………………… 欧阳和德 8
清雷沟 ……………………………………… 李玉琴 10
数百年望梅止渴　逢一朝自饮甘露 ……………… 梁怀书 13
外资项目花鲜艳　扶贫开发果甘甜 ……………… 白万里 16

二等奖（10篇）

黄河滩涂鹅声脆
——扶持山西华晋鹅业养殖有限公司项目
纪实 ……………………………… 郭发元　任淑平 25
乡村喜事 …………………………………… 崔彦平 29
共产党引来“世界水” ……………………… 罗　杰 31
五旬老汉高唱板栗歌 ………………………… 潘宗高 35
问泉哪得清如许
——湖南省保靖县日元贷款供水项目建设
纪实 ……………………………… 彭良斌　王　海 37
借得外资加力杠　傈僳出山住新房
——记香港乐施会援助赛林灾后重建项目 …… 何世相 41

春染农家翠欲滴
——世行贷款西南扶贫项目助推巧家扶贫工作 …… 周国明 43
一个扶贫干部眼中的外资扶贫 …… 陈红伟 46
世行骄子写春秋
——写在世行贷款运城扶贫项目实施15周年 …… 崔　蕾　郭发元 50
大山永远铭记
——有感于改革开放进程中的外资扶贫 …… 黄建宁 59

三等奖（15篇）

畅游“世外枣园” …… 姜炳运 65
龙头高昂倚世行
——闻喜县世行办扶持山西维泰食业公司纪事 …… 李宝珠 67
脱贫致富路上的领头雁 …… 雷正彬 71
用手和肩开出的致富路
——广西巴马县实施中国西南扶贫世界银行贷款项目农村公路子项目侧记 …… 刘一龙 74
黄土地上的“希望工程” …… 李红岩 77
腾飞之路
——世行项目平陆县东沿河公路写真 …… 胡存亮 81
心语 …… 刘　锋 87
华山屯幸福路 …… 农彩色 91
拓开光明路 …… 潘彦羽 94
石山再高　也能闯出条路来
——太平茶密村女青年李美针实施世行劳务输出小记 …… 韦海亮 101
郭清英的一天 …… 陈兆和　曾智斌 103
互助社给了俺一家新生活 …… 孙长安 106
农民张大山随想录 …… 王　欣 109

打造致富平台　夯实发展基石 …………………… 侯海生 113
观摩陕西白水县世行社区主导扶贫试点项目有感…… 张富成 117

优秀奖（33 篇）

大地作证
——运城市利用世行贷款实施农业扶贫开发项目的实践与启示 …………………… 刘 峰 121
点滴寓文明 ……………………………………… 崔 蕾 128
横空大桥当惊殊
——观瞻米汤沟大桥有感 …………………… 崔 蕾 130
泽被百姓　惠及子孙
——对方山县世行扶贫项目的调查 … 高珠峰 林建峰 133
丰裕一业　润泽一方
——对芮城县丰润良种奶牛场迅速发展的思考 ……………………………… 李振华 137
引来活水满目春 ………………………………… 李红岩 140
奇迹是这样创造的 ……………………………… 杨继跃 144
收获感动 ………………………………………… 李玉琴 149
世行项目引领我们走富路
——方山县田家坡实施世行项目脱贫致富纪实 ……………………………… 白文平 151
世行贷款山西扶贫项目妇女子项目对贫困妇女的影响 ………………………………… 樊彩英 154
杨村的一天 ……………………………………… 崔彦平 159
夜路 ……………………………… 张迎捷 刘爱国 161
走进特色“小区”
——盐湖区益农奶牛养殖小区发展探寻 …… 张迎捷 164
与贫困群众心连心
——世界宣明会在都昌县扶贫济困纪实 ………………………… 姜英汉 肖晚生 169

世行项目，山民的希望 …………………………………… 苏　纲 173
种植茶叶、瑶寨生辉 ……………………………………… 罗　杰 176
众人拾柴火焰高　集资办学出成效 ………………… 向祖明 178
安德镇三东村大邦外屯人畜饮水工程项目 ……… 邓凤琴 181
念力村的新变化 …………………………………………… 黄朝晖 183
社区组织体系的变革之路
——记百鲁村百鲁屯人畜饮水项目 ………… 陆　毅 185
踏踏实实为贫困山区老百姓做事的年轻人
——记靖西县龙临镇百鲁村 CDD 项目协助员
林江平 ………………………………………… 黄红星 190
去帮助那些需要帮助的人 ……………………………… 杨桂林 196
知识进万家　受益你我他
——全球基金疟疾项目侧记 ………………… 董国艳 202
互助扶贫　综合发展
——香港乐施会剑川县象图乡江头村扶贫记 … 尹金域 207
真情援助托起边远山区发展之路 …………………… 张世贵 212
文明之花盛开壮家新农村
——麻栗坡县麻栗镇盘龙小寨村专笔 ……… 黄　华 215
外资扶贫为嘉陵农村带来新变化 …………………… 王道金 218
CDD 试点项目在社会主义新农村建设中的后座
力量 ………………………………………………… 张　俊 223
看似寻常最奇崛
——亲历世界银行第五期扶贫贷款项目工作
的感悟 ……………………………………… 冯　玲 233
衣带渐宽终不悔
——徐海青倾心投入外资扶贫工作 ………… 李世贤 238
下乡 ………………………………………………………… 杨　斌 241
运歌行 ……………………………………………………… 毛晖林 244
重返米汤沟 ………………………………………………… 刘　峰 248

一 等 奖

“改革开放进程中的外资扶贫”有奖征文活动获奖作品集

外婆，下次何时你再来

韦智广　广西都安县世行办

记得小时候，每次外婆来我家即将回去时，我们兄妹三人总是扯着外婆的衣袖说："外婆，下次何时你再来?"

那时真希望外婆天天来我家，因为外婆一来到，我们就能美美地吃上一顿佳肴。

那年初夏的一天，细雨濛濛，外婆蓑衣箬帽，拖着佝偻的身躯来到我家。这是我懂事后外婆第一次来。母亲见外婆到，急忙放下手中正在拨南瓜苗皮的活路，把外婆扶到堂屋坐下。开始时，母亲乐得脸上开了花，但过了一会儿，母亲的眉头慢慢蹙成一个深深的"川"字。这不是母亲不喜欢外婆来，而是母亲担心没有什么招待外婆。外婆好像看懂母亲的心事，连连说道："自己人何必客气，有什么吃什么。"并指着篮子里的南瓜苗说："喏，这不是很好的菜嘛。"母亲知道，外婆自那次胃出血后，由于缺乏营养，身体一直没恢复，心想，这次要好好地给她老人家补补身子。

用什么给外婆补身子呢?母亲小心翼翼的来到鸡房，十几只鸡娃向她咿呀咿呀的叫，母亲张开双臂，正准备向它们扑过去，这时，突然想到：这些像麻雀一样大小的鸡娃怎能摆上桌呢?于是，母亲又将双手收回。

母亲转身来到池塘边，那只正下着蛋的唯一的老母鸭，在那里击波戏水。母亲举起竹竿，喊一声："上来!"老母鸭听话似的爬上岸来。不知怎的，母亲犹豫片刻，又把它赶下池塘去。一会儿，母亲又把它赶上来；一会儿，又把它赶下去。这样重复两三次，母亲还是拿不定主意。母亲知道，这只老母鸭是支撑着全家油盐酱醋的顶梁柱，一旦断了它的脖颈，就等于断了全家的财路。母亲抬头望望天空，天空上一道彩虹横空而过，恰似外婆那根弯弯的扁担，扁担的一头挑着母亲的童年，一头挑着母亲的梦想。此时，母亲两眼紧紧盯住那只老母鸭，竹竿举得比刚才更高，声音喊得比刚才更响亮：“快点上来！”于是，把老母鸭赶回家。

我和哥哥紧跟在母亲身后，脚跟不着地的一路小跑。到家后，外婆死活不让杀鸭招待她，并紧紧地抓住母亲的手不放，让老母鸭屁颠屁颠地回池塘去。那时我和哥哥可真有点厌恨外婆。好在父亲及时赶到，母亲给父亲“暗送秋波”，父亲会意地提着尖刀朝池塘边走去，才把那只老母鸭处理了。

煮鸭时，我们兄妹3人围在火灶边窜来窜去，害得母亲连脚都没地方下，直吼我们到外面去玩。我们哪里舍得离开，锅里的老鸭汤开得像一张荷叶，油花像荷叶上的水珠，既饱满又漂亮，跳跃在锅里边，那香喷喷的味道，把我们吸引住了。

切鸭时，母亲把两根鸭腿另放一只小碗。那些鸭腿懒洋洋地躺在那里，谗得哥哥直咽唾沫。那时我没咽唾沫，因为这两根鸭腿有一根属于我。农村人给小孩分鸡或鸭腿时，是按小孩从小到大顺序排列的。吃饭时，我搓搓双手，轻轻哈气，小心翼翼地捧着久违的鸭腿送到嘴里，津津有味地吃着，吃着……

外婆回家时，我们全家人送到门口。哥哥拉着外婆左手衣袖说：“外婆，你一定经常来看望我们啊。”我也扯着外婆右手衣袖说：“外婆，下次你什么时候再来呀？”小弟从母亲怀里挣脱下来，摇摇晃晃走到外婆跟前，语不成句地说：“外婆…你下次…几时来？”站在一旁的父母亲，见到我们对外婆如此亲密，如此懂礼貌，如此通情达理，感到很自豪。但他们哪里觉察到我们只有“外婆来才有鸭腿吃”这一谗吃的想法呢？

外婆这一去，就久久没来我家。

我想到外婆，就想到鸭腿；想到鸭腿，就想到外婆。

一天，二叔赶集回来告诉说，外婆明天来我家。那夜，我们兄妹3人高兴得睡不着觉。我们都有这样的共识：明天有鸡腿吃！因为那时我家养有3只正在下蛋的母鸡，能够摆上桌的也就是这3只母鸡了。哥哥分析说，凭着我们家的经济状况，母亲不可能一次杀3只鸡，杀一只算是了不起。我认为哥哥比我早出师几年，江湖经验丰富，于是，点点头。

天刚蒙蒙亮，我们就来到鸡笼旁，看见小斑黑、中夹白和大花红3只母鸡在笼里咯咯咯地叫，真是可爱。农村养鸡全部是放养。我们早起，目的是想看母亲今天放哪只关哪只。看见母亲走过来，我们纵身一闪，躲在墙角，屏息静气，暗中观察。鸡房门“吱”一声响，小斑黑飞出来了，接着中夹白也飞出来了。这时，又“吱”一声响，鸡房门关上。那只又大又肥的大花红被关在笼子里。为慎重起见，我和哥哥教小弟去问母亲，小弟说：“妈妈，那只大花红为什么不放出来呀？它好可怜的。”母亲说：“这只大花红留着招待外婆。”听到这句话，我和哥哥双双击掌称“耶”。

那天，我一直站在鸡房门前，时不时瞄一眼鸡笼，担心鸡笼门关不稳，大花红跑出来。

太阳从山那边冉冉升起，把我的影子越缩越短；太阳又向遥远的天际慢慢西沉，把我的影子越扯越长。天快黑了，还没见外婆来到。那时，我非常担心。果不其然，赶集回来的二叔告诉说，外婆有事，今天来不成了。当时，我脚下一软，差点跌倒在地。小弟说：“外婆这个傻×，讲话不算数！”哥哥指着小弟的鼻尖吼：“外婆是母亲的母亲，是你随便骂的吗！”小弟“哇”一声哭了。那边，母亲早已把大花红放出来。大花红从我面前大摇大摆地走过，还拍击着翅膀，拍击声一阵高过一阵，好像向我示威。

时间走得真快，转眼间我已上高一。

开学那天，母亲送我到乡府搭车。我还没来得及向母亲道别，母亲就跑到乡府一个叫“世行工作站”的窗口下排队。我问母亲干什么，她说去领美元。我环视四周，窗下有好多好多的农民排成两行长长的队列，操场上的一角有人正在那里点着钞票，墙壁上醒目地张贴着《获取世行贷款名单公示》通告，母亲的名字排在第三……

假期回家，我发现畜栏里多了两头种猪、一头母猪和三只羔羊。

那年，母亲卖了两头肉猪和一拨猪娃。清点钞票时，几缕阳光透过窗户照在母亲的脸上，母亲露出了甜蜜的微笑，灿烂烂的。

两年后，母亲办起了一个养殖场，养有很多很多的鸡和鸭。

我忙于毕业论文，已有一年没回家了。那天，回家时，远远看见一栋砖混结构的三层楼取代了我家那间泥瓦房。我简直不敢相信。但事实告诉我，这不是甜蜜的梦，这是真的！真真切切！

工作后，节假日我常常回家。那天我站在自家门口，一辆轿车在我面前停下。车门“吱”一声打开，一位神采奕奕的老人向我招手。我定神一看，原来是外婆！我高兴地跳了起来。

我把外婆带到客厅后，迅速拎起一只鸡笼，三步拼着两步跑到养殖场。鸡鸭们见我来到，一个个挺胸抬头，好像懂得我的来意，等待着我的挑选。我心想，一定要挑选三只与大花红一样大一样肥的蛋鸡，好好地招待外婆。

3只鸡装进笼后，我站在鸡笼前，等待母亲搞完卫生一起回家。那时，我很得意，心想，这次母亲不知怎样夸耀我懂得孝顺外婆是好。可是，母亲一到就把那三只鸡放走了。我真想不通，以前生活困难，母亲是那样的大方；现在生活好了，母亲反而显得吝啬。

回家路上，远远看见家里的厨房炊烟袅袅。进家时，看见父亲和二叔早已把那头两百多斤的大肥猪宰了。锅里还煮着鸡和鸭，油花一朵比一朵大，比小时候那只老母鸭的油花更饱满更漂亮。那时，母亲向我投来一脸的阳光，我羡慕极了。

外婆也时尚起来了，嚷着我要看哥哥的视频。我走进书房，打开电脑，在“春天的故事”乐曲伴奏中，搜索我的QQ：“……在改革开放进程中，国内资金不足，引进国外资金补充，这才是双管齐下的利民举措。如果没有世行送我出来，我也没学到今天这样的技术。”这是在外面打工的哥哥发自内心的感受。

那天，外婆回家我们送到门口，外婆风趣地问我和小弟：“你们为什么不问我下次何时再来呢?”我看看小弟，小弟也看看我。于是，大家哈哈大笑，笑得很甜很开心，和我们一起笑的，还有那火红的太阳。

那棵树

欧阳和德　江西吉安县扶贫办

我的老家吉安把“树”念作“qu”，与英文的“tree”同音同义。这是一个值得思考的有趣话题——猜想太古之初，人类也许对某些基本词汇的发音是相同的。不然大禹如何召开万国会议讨论治水？唐僧如何历千国而取真经？

树是人类最可依靠的朋友。对花鸟草虫，人们都有褒有贬。花有鲜恶（波特莱尔《恶之花》），果有甘苦，草有香毒，虫有益害，鸟有吉凶。唯对树，几乎未见贬损比喻，而只有赞美：菩提树下有大智慧，苹果树下有美妙定理，槐阴树下有美好姻缘，连月上的桂树下也有嫦娥美酒。

2002 年开始，我接触了中德合作贫困监测评价江西试点项目。德方专家白淑薇博士开展培训时，介绍了“问题树”。乍一听这词，我感觉很不舒服——树有问题吗？问题多得如树一般枝繁叶茂？仔细听下来，才知道“问题树”只是一种用来分析问题的工具，把问题的本质、问题的产生原因、问题的表现，像树干、树枝、树叶般展开，既形象直观，又简单明了。“穷”是贫困的本质，比作树干。缺乏机会、缺乏赋权、不平等是贫困的原因，比作树枝。收入低、没有话语权、看不起病、上不起学是贫困的表现，比作树叶。类似的分析问题工具还有“资源图”，通过绘制本村地理资源图，在简短的时间内，就能对全村的自然条件、地理分布、人口、资源、收入等情况有一个大致的了解。而在此之前，我们到村里听介绍，听了不少，但出了门还是“找不着北”。这种形象直观的工具最大的好处还在于，它被农民一接受，农民在自己绘制“树”和“图”

中，就能熟练地展示自身所处的状况，充分表达出自己的需求。

拿着这种工具，我们很好地完成了项目布置的许多基线调查任务，为这个参与式贫困监测评价体系的建设尽了绵薄之力。后来，每到村里开展类似调查采访，甚至是去农民家做客，我们都会不时地拿来笔和纸，让农民自画自说，由此我们得以了解了许多村庄和农民的情况，与农民亲密接触而朋友遍乡下了。

2006 年开始编制“十一五”扶贫规划。我县先后有 108 个村被列为新一轮的扶贫重点村。如何让农民迅速了解自己贫困状况、分析贫困原因、表达扶贫需求，从而编制出本村的扶贫规划？在规划编制培训时，我们又“卖力”地讲解和推荐了“问题树”、“资源图”，使这些村在短短的两周内编制出了既符合实情又符合自己意愿的扶贫规划。当我们向农民索要“问题树”和“资源图”作为资料时，他们竟藏宝似地搪塞——画得不好。

是啊，树可能是画得不怎么好。也许因为拿惯了锄头铁锹手笨拙了一些，也许有些激动，也许有些羞涩，握笔的手有些颤抖，树干不那么挺拔伟岸，树枝不那么流畅舒展，树叶不那么规整圆润，但树依然还是那棵树。自然的树不思考，不计人们议论，默默地、自在地生长着：吐出芽心，抽出嫩枝，春华秋实，叶落归根。而从项目实践中学到并应用的那棵树，将持久地帮助我们寻找贫困的根源，探索扶贫的新路。

来世，我愿做丛林中的一棵树。今世，我甘做那棵被农民画来画去的“问题树”。

清雷沟

李玉琴　山西运城市国际金融组织贷款管理局

常听人讲起清雷沟，便有了更深了解它的冲动。金秋十月，天高气爽，带着几份神秘，我们驱车前往。

安祥、静谧的清雷沟坐落在绛县横水北一个小村庄的东北角。一踏进这片熟悉而又陌生的土地，几棵挂满果实的枣树便首先映入眼帘，玲珑剔透的枣儿带着十足的诱惑扑面而来，我禁不住伸手摘下几颗。举目望去，清雷沟展开双臂伸向远方，崖边沟底，树上树下，像被一条绿绒彩带覆盖着，上面星星点点布满了各种小花，五颜六色，顿时让人心神激越。踩上这条绿绒彩带，遍野的山楂让你目不暇接，这一簇簇红扑扑、火辣辣的小精灵，在绿叶的陪衬中、在微风的吹拂下摇曳着，好似一个个小红灯笼高高悬起，让你心醉，让你留恋。是啊，这是一个天然氧吧，这是一个世外桃源！然而谁曾想到20年前的清雷沟竟是个人迹罕至、杂草丛生、野狼出没、破败荒凉的狼沟。是一位老人走进了它，狼沟从此发生了翻天覆地的变化。

他叫崔青雷，曾是远近闻名的屠宰户，靠着党的改革开放政策走上了富裕大道。然而致富后的他，没有守着日子享清福，而是瞄上了村外的狼沟。1984 年的冬天，崔青雷毅然决定用自家的 13 亩责任田兑换荒芜的狼沟，率领全家 11 个主要劳力从此走了上一条艰辛之路。推土机开进来了，拖拉机开进来了，浩浩荡荡的治沟大军开进来了，机器的轰鸣声、人马的喧嚣声打破了狼沟多年的沉寂与清静，狼沟震撼了。经过一个冬天的艰辛奋战，破败的荒沟有了形状，然而初始开战便使他多年的积蓄所剩无几。为种树，崔青雷卖掉了祖宅，在沟里打了几眼窖洞，愣是让全家搬了进去。他用卖房子的钱从河南换回了4万株山楂树，一行行、一排排从沟前栽到沟后。来年春来早，不负众望的山楂树齐刷刷地吐出了嫩芽，喜出望外的崔青雷更是不停地在沟底间穿行忙碌。然而好景不长，一股热风不知从何处袭来，刚抽芽的枝条枯萎了，山楂树一棵棵气息奄奄。水！崔青雷意识到这是小树缺水的信号，他沿着沟边的小道找啊找，终于在3.5公里外找到了一眼闲井，他毅然接管了这眼井，从井口到沟口，总共得3 500米水管，他脚登摩托，风尘仆仆上县城，结果才买到1 000米钢管腰包就空了。得知此事的绛县水利局伸出了援助之手，为他解决了2 500米的塑料水管。经过7天7夜的奋战，水管铺通了，70多个水龙头各就其位，沟里翻起了银白色的浪花，干渴的树苗又重新焕发出了生机。然而，还没等到崔老汉缓过神来，电又没了，心急如焚的他骑着摩托车去查询，在返回的路上遇一道弯，因刹车不急，连人带车翻了出去，车把直撞右胸，顶断了他的3根肋骨。从死神手中逃出来的他，又毅然决然地奔向狼沟。房子卖了，彩电卖了，家里能卖的都卖了，崔青雷治沟的痴心不改。

一个偶然的机会，世行办的同志了解到崔老汉的情况，请来专家实地考察，发现沟边的酸枣资源非常丰富，于是带来了酸枣接大枣的技术，同时带来了8.8万元的世行贷款。一个千人会战老狼沟的场面出现了，沟边地势非常险要，下去的人必须用绳子系在腰间，另一头有两个壮劳力拽着，才能艰难地操作，汗水顺着脸颊流下，滴在被枣刺划伤的肩上、臂上、手上，然而这些艰辛没能阻止他们治沟的决心，就这样一株株、一棵棵嫁接的酸枣树成活了，来年，神奇般挂满了果实。这个项目充分利用了沟边的野生资源，变废为宝，当年嫁接，当年挂果，当年受益。昔日的荒沟，水土大量流失的现象一去不复返了。铲不完、除不掉的酸枣刺如今变成了香饽饽，一棵瘦小的枣树最多竟然能挂216个枣，真是：硕果累累压弯枝，桃李回报育花人。

崔老汉笑了，世行人笑了，所有走到这里，看到此情此景的人都发自内心地笑了，小枣接大枣的技术更是如雨后春笋般在河东大地上蓬勃发展。时任国务院副总理的姜春云同志对酸枣接大枣的项目专门作了批示：“是个好项目，望继续努力办好”。时任运城市委书记的黄有泉同志看到狼沟的变化，被崔老汉的精神所感动，挥笔题词：“当代愚公”。县委、县政府为了弘扬彰显崔青雷的这种治理荒沟、造福后人的精神，把狼沟命名为“清雷沟”。

今天，当我们漫步清雷沟，享受这绿树成荫、硕果累累的美景时，我们的主人公已悄然离去，离开了让他付出无数心血，令他魂牵梦绕的这片热土，遍野的鲜花为他开放，满目的青翠为他送行。踏着老人的足迹，我默默前行，身后不断传来同事们的惊呼声，他们是在为发现几颗硕大的枣儿欢呼雀跃，高兴时把大枣小枣放在一起比来比去，惊喜地拍拍照，而我则是无限感慨在心头激荡，一位年过古稀的老人用他 20 年的不懈努力，为我们撑起了一片绿荫，而享受这碧水蓝天的后人又有什么理由不为今天的生态文明、和谐社会做点贡献呢?

数百年望梅止渴
逢一朝自饮甘露

梁怀书　广西靖西县世行办

这村庄村头长有几棵大古树，枝繁叶茂。村庄被一座座山团团围住，透不过气。人在村庄里听不到潺潺的流水声，也看不到平坦的田野，抬头仰望——天就好像村庄一样大。

这是被当地人誉为“闹灯笼”的龙临镇偕乐村大那屯。全屯共有73户，372人，劳动力213人，其中外出打工150人左右，留守在家的群众大部分是老人、妇女和儿童。由于自然条件差，地势恶劣，社区经济基础差，年人均收入不到1 000元。主要以粮食作物种植和家禽、牲口饲养，外出务工为经济来源。一些产品都是自产自销，自给自足，收成好的年份，粮食基本上得到解决。目前整个社区还有80%的农户还处在贫困行列。

“灯笼”是人们过大年大节，悬挂在家里表示欢庆的，而“闹灯笼”是大那屯饮水难的代名词，因为大那屯群众经常利用晚上提着“煤灯”去挑水或进行田间耕作。当地人把“煤灯”比作“灯笼”，外号便由此而来。

“好男不留大那屯，好女不嫁闹灯笼”是当地人流传的一句话。是的，部分男青年为了安居乐业奔赴他乡“登门入户”，女的也一个不愿留下来“安营扎寨”，现25岁以上的男青年还娶不上老婆的还有近90多人，最大的有40多岁了。

大那屯是典型的喀斯特地貌，村庄依山而建，没有地表河。自古以来就缺水，缺水是摆在大那屯人民面前的一道难题，是制约各项事业发展的首要因素。

靠天吃饭。虽说全屯有“水田”106亩，但大那屯是名副其实望天田，每年的5月份，才有周边山上的雨水汇集流过屯前，这时村民们就分秒必争地进行水田耕作。而大多数雨水是在夜晚时间下的，人们便提着煤灯，赶着牛，扛着耙，吆喝着进行水田耕作夜间大会战。虽然田块插上了秧苗，但是老百姓依然夜不能寐，还是盼着老天爷能够风调雨顺。如果遇上干旱年头，他们也只能是望着干裂的田块，枯死的禾苗目瞪口呆，面对颗粒无收，无米下锅，只能是靠着亲朋相助，民政救济……

饮水困难。大那屯群众饮水，历来都是到离村近2公里以外的地下泉肩挑马驮，下到泉边要连走带爬100多米黑暗的崎岖小道，200多个台阶，没有体力的村民只能对着洞口望梅止渴。尽管在1998年政府通过边境大会战，为他们建了一个蓄水池，但是由于没有水源，只能靠积雨水，供水远远不够，每年缺水达半年以上，而且水池是建在山旁，经常有鼠粪鸟便等，很不卫生。每当干旱的时候，人们又开始面对早已恶心的“黑水洞”。每天天还没亮，甚至是深更半夜，人们打着手电，或提着煤灯，地下泉洞口排满了挑水的人群，有人挑的，有马驮的，也有人提的……是的，他们挑一担水来回（包括排队）最少需要两个钟头，人口多的户一天需要四五担水，光挑水就占去了一个劳动力。村民为了节约用水，一盆水几个人洗脸，早上的洗脸水留着晚上洗脚，洗脚水留着喂牲畜，真是滴水贵如油！

难道大那屯人民永远就这样“望水兴叹”、“望梅止渴”吗？答案是“不”。面对着老百姓年复一年，日复一日的无奈与企盼，好消息传来了。——靖西县被列入全国4个社区主导型发展试点项目县之一，偕乐村有幸成为靖西的项目村。喜庆传来，人们欢欣鼓舞，大那屯人民决定利用这千载难逢的机遇改变家乡的面貌。

在项目宣传动员、社区准备阶段，社区群众召开大会一起讨论和经过民主选举产生了屯级项目实施小组和项目监督小组，并明确了小组成员的具体工作职责；同时，制定了相应的项目管理制度。在小型基础设施和公共服务项目的第一轮项目开发中，大家认真分析村民目前存在的问题和困难，经过参与式的讨论和项目规划，列出社区未来五年的项目建设清单，经村民投票产生社区目前最急需解决的饮水工程项目，在 CDD 项目协助员的支持和帮助下，撰写项目建议书，完善了项目申请资料，在项目评选大会上，经行政村项目管理委员会成员公平、公开投票，大那屯饮水电灌工程中标，得到项目资金 5. 51 万元。

消息传来，大那屯群众欣喜若狂，然而摆在他们面前的困难不少，主要是一是资金不足，只够买材料费，群众需要投工投劳；二是劳动力大部分外出务工，劳力不足。面对这些情况，他们又召开了全体村民会议，决定有钱出钱，有力出力。在外打工的乡亲们听到这个好消息，也奔走相告，争先恐后，纷纷返乡支持家乡的建设。消息传出不到 10 天，就有 38 名青壮年从广东等地回到家中，投入劳动，其中值得一提的是有两位青年，他们在某厂做电焊工作，月薪5 000多元，他们把情况跟老板反映，争得老板的同意，请假从广东回来，拉来电焊机，负责几百条管路的焊接工，除了成本，工钱一分不收。不能回家的，就寄来工钱。通过全屯群众的共同努力，经过两个多月的日夜奋战，大那屯的工程提前完工了。

5 月 6 日这一天，大那屯人欢了，牲畜“笑”了，田也“乐”了——因为他们有水了，全屯成了一片欢乐的海洋。这一天男女老少依然早早起来，而这一次他们不再是为取水奔走，而是为了杀猪杀鸭，庆祝他们解决了祖祖辈辈饮水难的问题。这一天他们比过年还愉快，把村头村尾村内打扫得干干净净，家家户户挂上了漂亮的灯笼，敲锣打鼓，山歌对唱“喝水不忘挖井人”。他们感谢政府的关怀、世行的帮助，歌唱扶贫新机制给他们家乡面貌带来的新改变。

一位 80 多岁的老奶奶轻轻地扭开水龙头，双手捧起一碗水，热泪盈眶地说：“看见大那屯老百姓有了水，我这辈子死也瞑目了……”

外资项目花鲜艳
扶贫开发果甘甜

白万里　湖北长阳县扶贫办

湖北省长阳土家族自治县素有“巴国古都”、“夷水名疆”之称。改革开放30年来，这里的人民群众生活安定、家境逐渐殷实、教育卫生得到保障、文化生活逐步充实，特别是民族发展、老区建设、扶贫开发和西部大开发政策的逐步落实，全县经济建设、文化建设和社会事业更是发生了天翻地覆的变化。仔细梳理我们的发展成果和经验，在很多方面都有外资扶贫的因子，先后有森林资源发展与保护、疾病预防、传染病与地方病控制、云贵鄂渝水土保持世行贷款和欧盟赠款项目等7个外资项目在长阳组织实施，外资共投入302 802.97个特别提款权和279.52万美元。它们不仅提供了资金扶持，更是在减贫的理念、策略、路径、效果等方面产生了深刻的影响；不仅是农户实现了脱贫目标，更是促进了区域经济结构调整，大幅度减少了贫困人口；不仅是注重人的全面发展，更是注重人与社会和谐发展、人与生态的平衡发展。

一个区域骨干产业的发展源头

2006年12月，首届中国·长阳清江椪柑文化节在长阳渔峡口镇岩松坪村召开。“开园第一果”被武汉丰润果品有限公司以1.8万元竞买。“清江椪柑美名扬”。2007年第二届中国长阳清江椪柑文化节，更是客商云集，椪柑被定购一空，远销到俄罗斯。

说椪柑，不能不说岩松坪村首户李长双。他今年42岁，长阳渔峡口镇岩松坪村二组人。他13岁辍学后，种过田，放过排，搞过副业，烧过砖瓦。不管干什么，都只能混个肚儿圆。1986年，20岁的他听村里的干部讲，每户可以贷联合国的款，发展1~2亩柑橘。他想到村里有一块荒山，在责任制到户后一直没人承包，而他的家乡位于“清江暖谷”，积温高，雨水足，适宜柑橘生长。于是赶忙找村里签订了承包协议书，怕村委会反悔，还到县里公了证。有了地，种柑橘没有钱，他就从村里开始找，一直找到当时的渔峡口镇区委，申请贷联合国的柑橘款，他希望贷2.2万元。信贷员和项目管理人员来到他承包的荒山，实地丈量，一行一行地点数，最后确定给他贷款1.08万元。

地有了，钱有了，李长双一头扎进荒山，用3根柱子搭了一个窝棚，开始了艰苦的发展之路。从1986年10月开始到次年4月，开垦出50亩荒山。他定植了1 000株蜜橘，1 000株锦橙、500株桃叶橙、500株脐橙、500株椪柑，合计3 500株。他定植的面积占当时渔峡口区的六十分之一。

柑橘从定植到开始收获需要5年时间，他种植玉米、西瓜、辣椒等，维持生活和偿还贷款本息，日子依然过得紧巴巴的。1992年，他开始收获了，蜜橘和橙类卖了3千多元，但1千公斤椪柑“养在深闺未人识”，两角钱一斤都没有人要，全部烂了，一分钱的收入都没有。当时脐橙一块五一斤，亲人都劝他改品种。他坚信椪柑将来一定比脐橙有“钱途”。他的理由也很简单，椪柑一是口感好，二是香气浓，别处根本就长不出来。

1993年，他“不找市场找县长”，让一位县领导品尝了椪柑。这位县领导一吃，立即感到椪柑的与众不同，决定帮他推荐。他连夜赶回家，迅速组织人员采摘和包装，用了3天3夜，将3 500多公斤椪柑在元旦那天送到了长阳，一块二一斤，卖了9千元。他喜出望外，发展椪柑的信心更足了。

1994年，一个偶然的机会，给椪柑发展带来了机遇。时任县委书记到岩松坪村检查工作发现了这种水果，品尝后他说：“这种水果很好吃，要大力发展。”有县委领导的推介，不少客商慕名前来，当年椪柑价格涨到二块钱一斤。他收入超过2万元。

1996年，当时的枝柘坪乡政府号召全乡大力发展椪柑，椪柑面积成倍增长，人均面积快有2亩了，价格却始终是稳中有升。李长双认为政策稳定了，市场形势好转了，他将其他品种都改成了椪柑，注册了“长双”牌椪柑商标，不仅销自己的椪柑，还帮着村里的群众销售，成了椪柑种植大户和销售经纪人。2007年他有椪柑60亩，销售15万公斤，收入40万元，成了长阳首屈一指的椪柑大户。

2007年，长阳柑橘园面积为7 137公顷，发展势头仍然强劲，当年仍新增1 423公顷，成为低山区农户的骨干产业。在追寻柑橘的发展历史时，不论是村干部，还是种植农户，都异口同声地说，长阳柑橘的发展，要归功于20多年前联合国的柑橘贷款。如果没有这笔贷款，我们的发展规模和技术水平就不是现在的局面，椪柑还不一定会成为长阳柑橘的“当家花旦”!

一个痨病患者的“门坎年”

向贤兵，龙舟坪镇白氏坪村三组，家有5人，父母都快60岁了，由于积劳成疾，不是颈椎疼，就是腰椎疼；儿子正在读初中，妻子体弱，不能做重活；他就是这个家庭的“顶梁柱”。

2006年，他35岁。按照土家族“男做进，女做满”的生日习俗，这一年也是他的本命年。也许是应了36岁是男人“门坎年”的久远传说，这一年的八月，他感到发热、咳嗽、食欲不振，就到药店买了两袋“感冒清”。过了两周，病情依然如故，不见好转，反而是咳出来的痰中带有血丝了。妻子慌了，父母急了，催促他到医院去检查。

向贤兵自认为这病不是很严重，是感冒拖久了，准备到村卫生室输液。村医仔细地询问了病史后，果断地要求他到县“疾控中心”检查肺。白氏坪村离县城不远，交通方便，他随即搭车到了县疾控中心，进行了查痰和拍片。

结果出来了：左上中肺、右上肺三型结核，涂阳。看到这个结论，他蒙了。他想到家里父母年纪越来越大，孩子还小，盖房子还欠一万多块钱，这个病又是整钱的病，钱花了，如果治不好，家人怎么过下去。

他还在胡思乱想。这时，接诊医生叫他进去，向他介绍了结核病的病理、症状；药物特性、药物反映症状；如何防止传染给家人；服药期的生活安排和注意事项、病人和家属都要有良好的心态等，两人足足谈了半个小时，说得他心情也开朗起来了。

当他问医生需要多少药费时，医生的回答让他惊喜不已。他没有记住世行贷款和英国赠款结核病控制项目这个全称，但牢牢记住了“卫 X 项目”这个简称。他患的这种肺结核，可以免费享受三次查痰、两次拍片和主药免费的援助政策，同时还能够在合作医疗机构报销慢性病治疗费 300 元；他的家人还要进行免费结核病排查。这样算下来，他除了配合治疗，安心养病外，没有什么要操心的了，唯一要做的就是按要求服药。

村医陪同他回家，向他家人又仔细交代了一些注意事项。第二天，村医又来询问药是怎样服的、服药后的反应、隔离措施落实得怎样，问得仔细，还做了些记录。村医好像对他不放心似的，总是隔三岔五地来询问和了解情况，有时还领着镇里的医生来。

就这样过了 8 个月，他到县疾控中心进行第二次拍片，影像显示，他的病痊愈了。他的家人没有感染。他千恩万谢！

现在，向贤兵在白氏坪开发区做些小工程，把小家料理得井井有条，生活过得有滋有味。每当他想起自己的治病过程，心中便荡漾起一片感激之情！

湖北省是结核病高流行地区，疫情一直位于全国前十位；宜昌市位于全省前列；长阳土家族自治县又位列全市第一。结核病人 95% 的在农村，是“因病致贫、因病返贫”的病种之一。自“卫 X 项目”实施以来，全县共接诊可疑肺结核病人近 6 000例，发现并登记涂阳病人 1 584例，按照现代结核病控制策略（DOTS），实行了全程督导管理和免费治疗。数以千计的“向贤兵”不仅是经济上受益，而且转变了家庭的发展前景；更加不容忽视的是严格的隔离措施，使患者没有成为新的传染源，造福病区群众，惠及全社会，提高了民族身体素质，促进了民族的兴旺发展！

一位孤哀女的一段成长经历

2008 年 7 月，正在长阳二中进行暑期补习的李密，当年 19 岁，来年即将参加高考，她家住在都镇湾镇金福村四组，那里全是喀斯特地貌。这一天，她接到大伯父的电话：她父亲病逝了，要她回去料理丧事。这个电话如晴天霹雳，让她大脑一片空白，不知所措。她想起那一年在她中考前的一周，母亲因脑癌去世，留下巨额债务；父亲因此没有到医院治疗自己的酒精肝病。现在父亲撇下她和年仅七岁的弟弟，她成了孤女，真不知道该怎样料理这个支离破碎的家！

大伯家收留了她和弟弟。懂事的李密却在内心考虑：大伯家也在农村，靠种田维持生计，父母生病期间，多是他们照顾，全力以赴地支持自己完成学业；她自己心里清楚，以她现在最好的成绩，只能考一个三本院校，现实情况让她不敢奢望；从考一个高职高专到找到一份工作，至少还要 4 年时间；退学回家务农，照顾弟弟，她的心又有些不甘，关键的是自己不会种田；怎样才能找到一个比较好的方案呢？

8 月中旬，她办理了退学手续，到宜昌市青华中等职业技术学校长阳分校报到，就读文秘专业。一周后，她没有想到这样一个民办学校，有 3 个电脑操作教室，每个教室有 44 台电脑；有 2 个多媒体教室，比高中学校的设备还多还要好；绝大多数的课程都是在多媒体教室和计算机教室上的。她和 300 多名新同学还认识了一位漂亮的来自韩国的女志愿者——李恩政老师。

长阳青华职校教学设备的改善，得益于韩国政府和中国政府签订的有关志愿者的派遣合同，韩国国际协力团中国事务所选择了李恩政志愿者到湖北省宜昌市长阳土家族自治县进行“韩中合作学生用计算机室设置”现场活动，活动时间到2009年7月止；活动的目的就是提高就业率，促进贫困家庭的脱贫。

李恩政老师担任文秘班和计（2）班的计算机实践操作课。李密感到李老师的普通话不是很流畅，但同学们都听得懂，而且都听得很认真，对她非常尊重。上机时，同学们遇到不懂的问题举手询问，李老师笑容满面地给同学们做指导，经常是边讲解边演示。讲完了，示范完了，让学生再做一次，直到同学能够独立操作才离开；碰到接受能力慢的同学，她干脆手把手地指导操作。

李密选择了韩语兴趣活动小组。因为是第一次接触韩语，300多名新同学几乎都报名要求参学，学校最后只定了50名同学。他们从最简单的日常生活用语开始学习，现在他们也能够用简单的韩语进行生活对话。多数同学和李密的感觉差不多，写韩语比说韩语要难得多，都不习惯像“钥匙”样的韩语字符，写起来总是不尽人意。同学们没有一个退出兴趣小组的，依然是学得兴致勃勃。同学们私底下议论：李老师和蔼谦逊，韩语教得仔细，学生读音不准时，总是反复纠正，耐心示范，完全没有想象中的外国人做派；她虽是韩国人，却和我们能够交心谈心，说真心话，同学们没有普通中学那种不愿与老师讲真话的行为意识。与李老师相处了一个多月的时间，同学们能够说基本的韩语了，李老师基本的中文也说得流畅多了！

在韩语兴趣活动中，李密知道了李老师2007年8月就到了长阳青华职校，已经带了一届学生。上届学生中有不少像她这样的苦命孩子，现在他们都能够自食其力，成为家庭的“顶梁柱”了！一次交谈，李密还知道了一个秘密：李老师还没有成亲！

9月18日，韩国国际协力团中国事务所所长金光映先生和李花小姐前来长阳青华职校检查志愿者活动项目执行情况。金所长对项目建设情况给予了高度评价。在同学们的才艺展示活动中，金所长频频起身，为同学们照相，喜悦的情感洋溢在脸上！事后刘校长在一次学生集会上讲金所长对李老师的教学和项目建设表示非常满意！

李密在这里遇到了来自清江高中的向芬同学。通过竞争角逐，李密担任了学生会主席，向芬担任了学生会学习部长。他们有一个共同的感受：这里的同学每天都是快乐的，这里没有笨同学，个个有特长，成绩都很优秀；更让她俩不能理解的是这里的同学做任何事都雷厉风行，没有高中生的那种敷衍和拖沓现象！长阳青华职校不缺少励志成才、用知识改变命运的典型，李密和同学们从中看到了自己一年后的发展前景！

李密很崇拜李恩政老师，从她那里学会了独立自强的成长理念、豁达乐观的人生态度、平等待人的处世方式、精益求精的敬业精神！这一段成长经历，将会让她终身受益不尽！李密自己如是说，同学们也如是认同！

长阳青华职校已经培训1 168人，多数是贫困家庭的孩子，实现了“培训就业一人，脱贫致富一家”的办学理念，深受社会好评。该校成为不少孤儿、单亲子女、病残家庭孩子读书就业的计划首选，成为新时期扶贫帮困的新模式，实现了由帮钱帮物到提高人的素质的转变！韩国国际协力团更是丰富了这一扶贫模式的内涵，开阔了学生的视野！他们资助的设备，将有更多的贫困家庭从中受益！

二等奖

黄河滩涂鹅声脆

——扶持山西华晋鹅业养殖有限公司项目纪实

郭发元　山西运城市国际金融组织贷款管理局
任淑平　山西省项目办

一个晴朗的春日，在一望无垠的黄河滩涂，我们有幸地听到了白鹅“曲项向天歌”甜脆的叫声，在碧水荡漾的池塘水面上欣赏了群群白鹅“白毛浮绿水，红掌拨清波”的优美舞姿，在电脑控制的自动化孵化室里亲眼目睹了一只只小白鹅跳出蛋壳呱呱地奏鸣着生命音符的情景。这里就是位于芮城县古魏镇董村南一公里处，在运城市国际金融组织贷款管理局扶持下的山西华晋鹅业养殖有限公司。

山西华晋鹅业养殖有限公司占地300余亩，建场（厂）房2 400m^2，开垦水面养殖15 600m^2，购置了一台饲料搅拌机和两台全自动孵化机，打了四眼机井。现有工人29人，四名高级技术人员。2005年，出栏成鹅9万只，孵化种鹅11万只，销售总额150余万元。以养鹅为龙头，带动和辐射周边40多个村庄1 100多户村民养鹅5万只，户均纯收入1 200余元，并安排了1 100余人农村富裕劳动力。规模化养殖初具雏型，扶持项目实施初见成效。

从2003年到2005年，短短3年时间，华晋鹅业养殖有限公司，何以成功地实施了开发项目，取得较强的效益呢？

孜孜求索：铸就成功之路。选择一个好项目，就开启了成功之门，就是一笔财富。

总经理卫静波，一个充满自信和智慧的年轻小伙子。2001年在运城市运输公司工作的他经常去南方联系业务，一次偶然的机会他在餐桌上尝到了味道鲜美的鹅肉，一下子激发了他的灵感，便萌生了办一个养鹅场的想法。接着一边摸市场行情，一边到南方大型养鹅场考察，经过深思熟虑，终于在2003年不顾家人的一致反对，毅然辞掉了清闲安逸的干部“铁饭碗”，筹措资金120万元，当起了“鹅司令”。

他，给自己选择了一条希望之路，选择了一个能展示自己才华的舞台。

万事开头难。坎坷的创业之路浸透着汗水，写满了艰辛。

2003年初，第一批从南方引回的7 000只种鹅，成活率只有70%。他面对死亡率高、鹅病难防治、养殖技术不过关的诸多问题，不灰心、不气馁，多次带上技术人员去南方学习参观，多次到省内外大学向养殖专家教授咨询，虚心请教。多少个白天他蹲在鹅舍里，细微地观察着鹅的一举一动，多少个深夜把自己关在屋子里钻研养鹅技术，上网查看养鹅资料。尤其是鹅流感、鹅大肠杆菌、鹅瘟等病症相似，但病因不同，无法对症防疫。在没有技术人员指导的情况下，他一边亲自解剖，一边对照资料寻找病因，并拍成照片向专家请教，硬是破解了这一难解之谜。种鹅孵化成活率低怎么办？他一头扎进了孵化室。炎热的夏天，室内温度高达47℃，一住就是30余天，细心地观察、记载了上万个数据，终于攻克了这一难关。

从南方引来的种鹅成本高，且在环境、气候、饲料上多有不适应，产蛋量少，又延长了生长周期，他潜心地探索、试验，用四川白鹅和皖西白鹅进行了杂交，成功地育出了第一代体型大、生长快、产蛋量高、产绒量高、食草量多、适宜当地养殖的优种白鹅。

销路问题又是横亘在卫静波面前的又一道坎。在与南方客商协商时，客商不屑地说：“山西没有养鹅场。”卫静波恳切地说：“要是你们不信的话，我带你们亲自去一趟，一切费用我全掏。”真诚感动了客商，终于签订了长期购销合同。

山西省农业厅领导在养鹅场看后深有感触地对卫静波说：“你真了不起，你填补了山西养鹅业的空白，给芮城人们办了一件好事。”

运城国际金融组织贷款管理局派人考察后认为，养鹅是一项投资少、见效快、发展区域经济的好项目，全力给以扶持。

领导的肯定，资金的扶持，卫静波的脸上荡漾着盎然的春意，心里涌动着奋发拼搏的春潮。

带动辐射：撑起一片蓝天。项目成功的实施，给华晋鹅业养殖有限公司带来了发展后劲和动力，也给促进农村经济发展，给广大农民开辟了一条致富路子。

卫静波告诉我们：“农村有着得天独厚的人力、饲料、场地等潜在的资源优势，而白鹅又是一种食草量多、食精量少、成本低、适宜农户舍养和分散养、管理较粗放的畜禽。把项目延伸实施与当地资源利用结合起来，把规模化养殖与分散养殖结合起来，这样不仅使项目实施得到了拓展和延伸，群众得到了实惠，又扩大了鹅产业的规模经济效益，既符合开发项目实施的主旨，又发展了地方经济。”

3 年来，卫静波就是循着这一思路把项目实施开发的触角延伸到农村，把发展的目光瞄向了农户。

为了使农户对养鹅有一个全新的认识，消除疑虑，他带领技术人员走村串户，深入田间地头，调查了解农户养鹅的意向，宣传养鹅的好处，诉说资源浪费的可惜……

他把养殖户多次请到养殖场，带着大家实地参观、现场培训，详细地讲解鹅的饲养技术，养鹅的经济效益，鹅肉、鹅肝、鹅绒、鹅血的开发价值，养鹅的广阔前景……

他向养鹅户承诺：凡是与公司签订合同的养殖户，赔了钱是公司的，挣了钱是大家的。在给养殖户的服务中做到了五个统一：统一供种、统一技术指导、统一疫病防治、统一饲料配方、统一价格收购。诚信感动了农户，真心赢得了信任。仅 2005 年就发展到 1 100多户，养鹅数量达到 5 万余只，辐射周边 40 多个村庄，当年养殖户共增收 110 多万元，户均纯收入 1 200余元。

卫静波采用“公司 + 农户”以及“订单农业”的形式把养殖户聚集在项目实施的周围，也把农户带上了一条致富新路。

绿色经济：走在希望的田野上。3 年来，山西华晋鹅业养殖有限公司坚持种植与养殖同步建设，实行综合立体种养一体化运作，把可持续发展与项目实施开发融为一体，取得了显著的生态效益。

沿着华晋鹅业养殖场的阡陌一路走去，在这 300 亩的方圆内，白菜、玉米、小麦、黑麦草、苜蓿、莲菜等多物种收获后的痕迹点缀其间。虽然我们没有看到滚滚的麦浪、金黄色的玉米、翠绿的青草、飘香的桃杏、低垂的柳叶、跳跃的鲤鱼、白嫩的莲菜，但我们的脑子里却影印了一条完整而清晰的循环经济链条，仿佛置身于生机盎然的生态家园之中。

卫静波告诉我们，除了小麦、鱼、莲菜、桃、杏等供给自用及部分销售外，树叶、玉米、白菜、青草等配置后全部是鹅的饲料。池塘养鹅，鹅粪既是鱼饲料，又给莲菜增加了肥力，从而实现了就地循环，形成了“饲料—鹅—鱼—莲菜”一条绿色经济循环链。

在养鹅户同样看到生态经济链的延伸。80%的家庭建起了沼气池，用上了沼气。养鹅配以养猪，粪便发酵产生沼气，使用洁净的沼气做饭照明，节约了农户煤电费用开支，改善了居住环境。沼肥作为优质肥料，改善了土壤理化性能，提高了土壤肥力。养鹅既增加了农户经济收入，又调整了农村养殖业结构，为实施“一村一品”工程注入了新的活力，对于实现农业可持续发展、建设节约型社会和社会主义新农村建设显示出了强有力的推动作用。

在谈到今后的发展设想时，卫静波充满自信地说：“2006 年准备购置 6 台全自动孵化机，建一个年产 10 万吨的饲料生产车间，肉鹅销售突破 15 万只，销售额 350 万元，养殖户达到 2 000户，户均养鹅 100 只左右，安排劳动力 2 000余人，再植 10 亩枣树，10 亩核桃树，今后几年在山西和北方区打开市场销路，还想建一个鹅肉加工厂，一座大中型沼气池……”

听了卫静波对充满希望的未来侃侃而谈，我们感到由衷地兴奋和喜悦。我们坚信，凭借他的远见卓识和非凡魅力，凭借他对养鹅事业的执著追求，山西华晋鹅业养殖有限公司一定会有一个更新更美的前景。

乡村喜事

崔彦平　山西夏县世行办

1996 年 6 月 20 日，烈日高照，热浪扑面，夏蝉嘶鸣，搅扰得人心焦躁不安，但大洋村的乡亲们内心却充满喜悦和幸福。

随着“水通啦”亢奋悠长声的起落，哗哗的流水声像一曲曲美妙动听的旋律，顿时从各家各户的院落中传了出来。人们兴奋地围在自家水龙头旁，纷纷弯腰用双手捧接一掬清凉甘甜的泉水，满含激动的热泪喃喃而语：感谢党，感谢政府，感谢世行贷款，圆了咱们祖祖辈辈几代人的梦想，这下可有好日子过啦！来不及抹去留在嘴边的水渍，来不及咂咂嘴巴体味口中甘甜和清凉，人们便自发地跑出家门，燃放鞭炮，敲锣打鼓，载歌载舞，用自己朴素而热烈的方式庆祝这个特殊的日子的来临，整个村庄变成了一片欢乐的海洋……

大洋村的乡亲们这是怎么啦，通上水也值得如此大惊小怪？朋友们不禁要问。但只要你走进这座贫困的村庄，倾听乡亲们的心声，穿越那段心酸和困苦的历史岁月，你就会明白大洋村村民为什么会如此兴奋和激动。

瑶峰镇大洋村地处中条山前沿，是夏县最贫困的村庄之一，全村共有 3 467人口，大小牲畜 412 头，生活饮水仅靠村中唯一的老井维持，老井水量小而且水质浑浊。每天为解决吃水问题，井台上总是早早挤满了人，有时因为打不上水，乡里乡亲之间常常发生口角甚至斗殴流血的现象。逢遇干旱季节，乡亲们不得不挑着水担，套着牲畜愁容满面四处找水。年年岁岁，岁岁年年，不知磨破多少人肩头，不知磨累多少条健壮的黄牛，不知磨白了多少年轻人的黑发。像城里人一样用上自来水，一直是大洋村人祖祖辈辈几代人最珍贵、最美好的“梦想”。历届村委领导，虽几经努力，终因资金缺乏，这个愿望最后一度被搁浅。

平地春雷起，惊醒梦中人。在县委、县政府的支持和关心下，县世行办经过调查摸底，仔细勘测，决定利用世行贷款，将大洋村外山中龙沟泉水引到各家各户，彻底解决当地人畜吃水问题。喜闻此讯，乡亲们欢欣鼓舞，奔走相告，急切地盼望着这一天的到来。

1996 年阳春 3 月，春风和煦，万物勃发，在人们一片欢呼雀跃声中，工程开始动工建设。经过 3 个月的日夜奋战，长达 1 500 米的引水渠全面贯通，一座蓄水能力达 130 吨的蓄水池，在连接水源和进户工程中间地带落成，网状管道进村入户。一切准备就绪之后，随着“开闸放水”一声令下，便出现了开头的一幕。

一个月后，大洋村的乡亲们将一座崭新的石碑竖在蓄水池旁，上面镌刻着“吃水不忘挖井人，党和世行情意深”十四个红漆大字。村支书老朱说：这是乡亲们自掏腰包请人刻的这个石碑，没有花村委会一分钱，是大家的一片真心实意哪！

夏日的阳光饱满而热烈，石碑上十四个鲜红的大字熠熠生辉。

共产党引来“世界水”

罗　杰　广西凌云县世行办

伶站瑶族乡初化村是凌云县世行扶贫项目村之一，地处百色市龙川乡及凌云县下甲、沙里、伶站四乡交界处，属半山半石山区，土地总面积 30 545亩，耕地面积 1 575.5亩，居住着壮、汉、瑶 3 个民族，共有 16 个村委会 298 户 1 457人。

到 1998 年 8 月，该村还没有一个屯通公路，离公路最近的屯 14 公里，最远的 22 公里，世行扶贫项目实施前，该村大部分人的温饱问题没有得到解决，村民一年有三分之一以上时间中挑远水喝，为此空耗了许多劳力。村里一个叫弄料的山凹里住着 35 户瑶民，为了减少挑远水的时间，他们周围山上几乎所有的石坑坑、岩窝窝的土都掏出来，变成天然蓄水池，大的可装十几方水，小的只蓄得半方水，仅方圆 7 500平方米的一片乱石窝里就有 27 个“水塘”，但这些“水塘”蓄水量一年仅够瑶民 7 个月的生活用水，其余 5 个月均需到 6 公里以外去挑远水来喝，其艰辛程度可想而知，真可谓滴水贵如油。缺水问题何时了？村民们都一直在寻找机会，寻找解除水困的机会……但怎奈财力有限，只能仰天长叹。

机会终于来了——全县世行扶贫项目农村供水项目的启动给他们带来了希望。村民们跃跃欲试，村党支书刘承邦、村委主任龚易明、副主任龚光焕更是按耐不住，有如突然看到光明，要求利用世行扶贫农村供水项目给予重点扶持彻底解决村里饮水难问题。根据该村缺水状况及干群积极性程度，县项目办 1997 年上半年共安排了 16 个农村供水工程。饱尝缺水苦头的该村村民当这是一个千载难逢的机遇，不可轻易错过。但县项目办规定：建水池水柜，县项目办垫付水泥、炸药、水管、砌工费和通公路运费，而清基、打沙、打条石、打片石和不通公路的运输等任务均由受益农户全部负责，而引水工程，工程总投资的30%由受益农户负责，并以现金上缴县项目办足额后，才让项目实施单位调拨工程建设材料。同时，受益农户还无偿负责不通公路的材料运输、压力池的清基等任务。因此受益农户的负担占工程总投资的近50%，有的甚至超过50%。县项目办给该村安排的这16个饮水工程，总投资72.16万元，其中县项目办给予配套35.86万元，该村受益农户自筹36.3万元（含投入工献料折款），自筹超过50%。这对于大多数尚在贫困线内的该村群众来说确实不易（虽然以投工献料为主）。因此，要确保按时按质按量完成工程建设任务，不反复细致地做好受益农户的思想工作，让其积极参与项目实施，工程建设将是举步维艰。困难虽大，但为了彻底解决全村群众饮水难的问题，该村村干部、组干部、党员横下心来，表示“不干就不干，要干就干他个彻底”！于是，认真组织全村受益群众掀起了一场轰轰烈烈的人畜饮水工程建设大会战。在这次大会战中涌现出许许多多生动的故事……

村党支书刘承邦、村委主任龚易明、副主任龚光焕为了确保16个工程能按时按质按量完成，采取分片包干负责的办法，不厌其烦地反复做受益群众的思想工作，动员他们按时足额上缴工程自筹款，完成投劳献料任务。但更重要的是，他们以实际行动做好表率，率先完成自家应完成的自筹任务，不畏辛苦，与受益群众用肩挑、马驮运送工程建设材料……干部、党员在这场大会战中处处起着模范带头作用。

袁烦秀是该村近拉屯屯长，也是近拉屯里唯一的共产党员，一名中年汉族妇女，在这场全村人饮工程建设大会战中，表现非常出色。近拉水池工程是全村这16个工程中施工难度最大的一个工程，其设计容水量530m^3，原预算总投资60 601元，其中县项目办配套30 191元，受益群众自筹（含投工献料折款）30 410元，该工程受益农户13户73人。由于地形复杂，该水池清基所投劳力大大超过原来预算数，时间用了3个月，比原定2个月多1个月，同时由于其位置距民房较近，在施工中有两幢民房因此受石头砸损严重，损失折款3 000元，还有该水池所需条石需到离水离1公里外打制运回，每尺所需费用5元，比每尺3元的正常价多2元。由于这几方面因素，该水池实际投资比原预算增加了5 820元，由于县项目办配套不再增加，增加的投资由农户负担，致使受益群众人均自筹达496元，是全村16个工程中受益群众自筹数量最高的一个。对于尚处在贫困线内的这十多户来说，要完成这样重的自筹任务，实在太艰巨。而对如此现实，为了保证工程建设任务按时按质按量完成，袁炳秀同志牺牲休息时间，前后十次召集受益群众开会，做他们的思想工作，耐心说服建设水池的重要性，而且以实际行动感化大家，无论是集资还是投劳献料，样样走在大家前头，其家里也不富，为交齐建水池集资款，还卖了一头年猪。其他受益农户因此深受感动，也纷纷想办法及时完成自筹任务，该投劳的积极投劳，该献料的献料，该交款的交款，在袁炳秀同志的带动下，为建近拉水池，受益农户可以说是老少齐行动，参加建设水池的群众，年龄最小的只11岁，最大的73岁。

上弄华水池是该村这批人饮工程之一，总蓄水量1 120立方米，引水长度700米，其所受益的167人全是瑶胞，该工程本来测设最早，但由于受益群众思想波动大（主要怕难以完成自筹任务），迟迟无法动工，该屯共产党员、复退军人、中年瑶族汉子卢昌金终于出面领头做受益群众的工作，使群众自筹部分陆续到位，终于得以动工。由于卢昌金组织工作得力，动工虽晚，进度却最快，成了全村这批工程动工最晚，竣工最早，质量最好的工程。

正是由于干部、党员的模范带头作用，使饱尝缺水之苦的该村受益群众的积极性终于充分调动起来，拿出了“农业学大寨”的劲头，把228吨水泥，16.20吨水管、几千公斤炸药，用肩挑马驮运到工地，把柴油机、粉碎机的抬到工地，把家里的年猪卖得钱请人打条石……从1997年6月开始到12月，16个月工程建设任务顺利完成了，可全村人却瘦了一圈。验收结果表明：初化村这16个世行扶贫项目人饮工程建设质量均达到了原设计的标准。

16个饮工程建设交付使用后，使初化村1 457人全部解决了饮水难问题，家家有了自来水，使喝水难在初化村成为历史。同时，通过建设这批人饮工程，增强了初化贫困农户摆脱贫困实现致富的信心。每年可节省2.1万个劳动工日挑运水，过去群众外出打工少，主要原因是在家挑远水。1997年冬天解决了饮水困难后，全村1998年外出打工的人数比原来增了1.5倍，同时还增加了养猪、养牛规模，次年，全村养猪比1997年增加660头，养牛增加120头，农民人均纯收入比1997年增加286元。

仅用半年时间就彻底解决了千百年来未解决的饮水难问题，其速度之快，效率之高，前所未有，难怪当地群众常在哗哗流入家门的水龙头前，畅饮欢呼：“这可是共产党引来的‘世界水’啊！”

五旬老汉高唱板栗歌

潘宗高　广西东兰县世行办

东兰县长乐乡定安村纳果屯年届五旬的覃木安老汉，身材略显单薄，从外表上看，人们很难把他与波名坡那片新开的50亩板栗果场联系在一起。

覃老汉全家6口人，有4个劳动力，1994年人均有粮176公斤，人均纯收入472元，生活尚在贫困线以下。过去由于没有资金，思路不清，都未能找到发展经济的门路。所以联产承包责任制虽然已执行十多年，覃老汉一家的钱袋却仍很羞涩。

1996年初，县世行办组织项目乡实施板栗种植项目，经过乡世行站工作人员的宣传发动，许多农户积极参与了开发。但覃老汉的心却没有被打动，仍是徘徊观望，放弃了这一次机遇。

1996年底，县世行办又一次给长乐乡落实了板栗种植项目，乡世行项目工作站工作人员又一次深入该屯进行宣传发动，覃老汉终于有了新的认识，他终于意识到板栗生产的巨大经济效益，又意识到自家有劳力、有土地、有能力参与这个项目的开发，种植板栗是发展自己家庭经济较理想的途径。覃老汉不再犹豫，他定下决心，一定要唱响这支板栗歌。12月26日晚，覃木安老汉在饭桌上召开了家庭会议，把自己的认识和想法告诉了自己的老伴、儿子和儿媳。经过一番的说服，思想一贯保守的家人对他的主张和认识也由反对转为赞同。第二天他就向世行工作站申请20亩板栗开发指标，之后他便带领家人早出晚归，到自家的责任坡去砍荒、炼山和挖坑，开始弹唱了他的板栗歌。为了抢季节、多开发，他多次请自己的一些亲戚来帮工。覃老汉一家越干劲头越高，经过2个月的积极施工，开垦出来的面积竟达到50亩。

在前期施工中，覃老汉担心上级没落实给足够的规模，他多次到乡府与世行工作站进行联系，还把工作站的同志请到自己的果场进行技术指导。世行工作站人员看到这番情景，很受感动，最后也按照他的建设规模，给他发放了700株板栗苗。1997年3月上旬，覃老汉终于把树苗定植完毕。5月至7月间，世行办又相继给他贷了林果化肥。经过认真种植和护理，当年他种植的板栗苗成活率达96.3%。值得一提的是，在覃老汉的影响下，该屯有18个农户也开发种植了164亩的板栗。

为了管好板栗树，覃老汉在场内搭建了工棚，到场内安了家，同时还到三弄瑶族乡请了两个贫困农户来安营扎寨，带领他们一边给栗树锄草、施肥、喷药和修剪，一边在栗树间开发种植黄豆、玉米及红薯等作物，并实行林下作物谁种谁收的办法，调动了他们的积极性，增加了他们的经济收入，也使栗树得到有效护理，仅1997年，包括覃老汉在内，他们种植林下作物收入11 845元，户均增收3 948元。现在，覃老汉的板栗树已经过4次追肥护理，板栗树长势喜人，他发觉他已无法离开这一片浸透着他汗水的板栗场。言谈之间，一向沉默寡言的覃木安老汉脸上也不时泛出一道道希望的笑容，恰似一首激昂的战歌，激发你继续关注他的下一部乐章。

我们衷心希望覃老汉的这支板栗歌越唱越响亮。

问泉哪得清如许

——湖南省保靖县日元贷款供水项目建设纪实

彭良斌　王　海　湖南保靖县扶贫办

草地茵茵，树木葱葱，小桥流水，鲜花盛开，如不是硕大的厂牌告诉你，你可能误以为置身于人间仙境，其实这里就是日元贷款项目在湘西保靖结出的硕果——日产万吨的现代化大型供水厂梅花自来水厂。叮咚的山泉，音符般的走过各个科学净化流程，通过千万条管道输向四面八方，让一座城市和7个乡镇84个行政村10多万人，彻底告别了那个饮水浑浊的时代。

梅花水厂因泉而得名，泉以其形而得名：梅花井坐落在翠莽的群山中，3股泉眼呈品字排列，泉涌如一朵盛开的梅花。自古有：泉涌千般诗的说法，当地人把她与济南趵突泉媲美。然而这如花似玉的甘泉，像梅花一次次地开放、一次次地消失在大山间的乱石之中，难为人所用。

梅花周边7个乡镇地处武陵山区腹地，属干旱岩溶地，水资源十分贫乏，所辖84个行政村仅有30%的行政村解决了安全饮水问题，而70%行政村的人们仍需到离家2公里之外的水源点去担。村民一天的日常饮水、用水，需要一个强壮的劳力承担。人们不会忘记那悲惨的一幕：梅花村民彭利春在半山腰背水时，被山上滚下的石头砸得头破血流，至今提起还让人心有余悸。1999年，县防疫部门在周边7个乡镇进行检测，检测的人员中60%均有因饮用不洁净水患上地氟病。饮水问题严重制约了周边社会经济的发展，成为当地脱贫致富的最大障碍之一。2001年末，全区农民人均纯收入仅891元；农村贫困面高达56%，贫困人口人均纯收入在700元以下。

城区居民供水状况就尤为严重，当时居民的饮用水源是一座小型的农业灌溉水库——格则湖水库，它的上游居住着5个村寨6 500多人，上游排出的股股污流都汇集到这里，而库区又全是村民成群结队放牧牛羊的地方，水源污染极其严重。

城区居民饮水难的问题，多年来一直萦绕在县委、县政府决策者们的脑际，虽经多次治理，都因资金有限而不能从根本上解决。美丽的梅花山泉淙淙流淌出的美景，成为当地人们日夜守望的梦！

2000年，人们永远不会忘记这一年，这一年日本国际协力银行承诺向中国提供10亿元低息贷款，用于武陵山区环境与生活条件改善项目，人们总算看到了希望。

2005年6月4日，人们永远不会忘记这一天，这一天梅花水厂项目破土动工，奠基的礼炮声唤醒了沉睡的群山。周边的村民扶老携幼，从四面八方涌向工地，他们敲锣打鼓，欢腾雀跃，从来没有像今天这样欣喜若狂，似乎这一天世界的所有都是他们的。

项目来之不易，笔者从县委常委会议纪要中见到让人醒目的几行大字“搭建一流的领导班子，集结一流的管理人员，选择一流的施工队伍，建成一流的惠民工程”，足以表明县委、县政府对该工程的重视程度。

作为保靖县有史以来最大的外资扶贫项目，梅花供水项目总投资1 465.74万元，其中日元贷款986.56万元，国内配套479.18万元，自然成为县内诸多工程中的重中之重。县里迅速成立了以分管副县长为组长，扶贫、建设、水利等县直相关部门负责人为成员的项目建设领导小组，在县扶贫办、自来水厂分别设立了县日贷项目办、供水子项目办；通过招标确定了以湖南省隧道工程总公司为主的建设体系，以湘西州工程监理公司为主的监理体系；领导小组成员单位、项目办和监理方充分发挥协调、领导、指导和监督职能作用，注重施工现场管理，定期召开日元贷款项目例会，及时解决存在的问题。

项目采取引水、净化、供水三个系统工程同步上马、齐头并进的施工方案。各建设责任主体挑灯夜战，加班加点，在引水隧洞工程中，科学地采用了“双向切入”的施工办法，2006 年 2 月 26 日，全长 3 330多米的引水隧洞全线贯通，同年 6 月，净化场、供水管网相继通过试行，县财政投入资金 500 多万元的 10 个村级配套项目陆续建成，整个工程终于于 2006 年 8 月画上了圆满的句号，实现了“举债建设求发展，优良资产留后人”的建设宗旨。该工程被评为湖南省扶贫工作的示范项目，日本国际协力银行日贷项目专家十川美香称赞道：“梅花水厂项目有效地利用了日元贷款资金，堪称内因、外因有机结合而成就事业的典范”。

今日的梅花水厂变了。从有区域局限的“一潭死水”变成了用品牌说话、流向四面八方的“清澈甘泉”。如今的水厂成为集生产生活供水、市场品牌开发于一体，经国家认证的当地 A 级供水龙头企业，企业员工由最初的不足 40 人增加到 200 多人，直接或间接为 1 200多人提供了创业平台；新增自来水用户 1.2 万余户，受益人群 10 万余人；1 200多处销售网点遍布武陵山区，实现年供水量 600 多万吨，年供水收入 1 300多万元，年上缴税收 100 多万元。

水质变好了，做出的饭菜可口了，饮食行业消费的人多了。

用水方便了，家禽家畜的数量上来了，百姓增收的门路宽了。

水质改善了，农产品质量提升了，运输业更忙了。

企业的蓬勃发展刺激着工、商、运、建、服、农、林、牧、副、渔等各个行业的飞速发展。据有关部门调查显示：近年来，本地区饮食行业经营网点增加 215 处，消费收入同比增加 1 945万元；大型养殖场达 15 家，年经济收入 1 892万元；农业产业化龙头企业达 16 家，实现企业年总产值 9 574万元。

村民也是大的受益者，因取水距离降到 5 米以内，富余劳动力得到了极大解放，他们可放开手脚，毫无后顾地走向各个行业，施展他们致富的抱负。就拿外出务工今昔对比，外出务工人员由原来的 1.6 万人增加到现在的 2.8 万人，按年人均经济收入 8 000元计算，仅此一项增加收入 9 600万元。近两年来，村民的收入直线上升，人均纯收入由 2 528元跃升为 3 237元，增长 28%；农村贫困面由42%下降到18%。特别是水质的提升，人们的健康指数上升，医疗消费与以往相比有了明显下降，这笔无形的收入是无法用数字来表达的。

风正一帆悬。成功与辉煌的后面不能打句号，能把握闪现的机遇，是企业发展成功的窍门。办好一个企业，推动一方事业，造福一方百姓，应为企业的真谛。我们深信，日元贷款扶贫项目——梅花水厂，在书写今后纵深发展的字句间画上的一定是一个个让世人刮目相看的“感叹号”。

借得外资加力杠 傈僳出山住新房

——记香港乐施会援助赛林灾后重建项目

何世相　云南保山市隆阳区扶贫办

走进保山市隆阳区潞江镇芒柳村委会，最引人注目的莫过于一排排整齐亮丽的红砖彩瓦新民房。那是2004 年7 月20 日凌晨20 分遭遇山体滑坡灾害的赛林傈僳族村民得到政府扶贫项目和香港乐施会灾后恢复重建项目援助建设的异地搬迁移民安置点。这里道路宽阔平整，家家户户屋里院内整齐干净，清洁宜人，热情好客的傈僳族村民身着漂亮的民族服装迎接八方来宾。

赛林村民小组，原是保山市隆阳区潞江镇芒柳村委会辖区居住在怒江西岸国家级自然保护区高耸入云的高黎贡山半山腰，海拔2 200米，距村委会所在地 12 千米的傈僳族自然村。2004 年 7 月中下旬，保山市普遍降大雨，怒江干流超警戒水位 2. 77 米，遭受 50 年一遇特大洪水，全市境内严重的洪涝、滑坡和泥石流灾害频频发生。7 月 20 日凌晨，因连续几天的大雨导致赛林大面积山体滑坡，造成全村 76 户 324 人全部受灾，房屋倒塌 76 间，死亡 2 人，重伤 1 人，轻伤 2 人，牲畜死亡 4 头，全村 76 户全部浸泡在泥石流之中的，直接经济损失达 580 余万元，灾害使这个深山里贫穷的傈僳族村寨陷入极度的困境。

灾害无情人有情，灾害发生后，市、区、镇、村各级积极组织抗灾救灾，并决定选择离原住地 12 千米的村委会所在地为新址，全部迁出高黎贡山国家级自然保护区，实施异地搬迁转移安置，重建家园，整合扶贫、民政等相关部门项目、资金，集中投入，按照

“科学抉择、统一规划、各负其责、各记其功”的原则，对新建赛林异地搬迁安置区的民房、水、电、路、就学等问题加快解决，实施全面建设，总投资350万元。项目建设中，得到了香港乐施会42.7万元人民币的无偿援助，专项扶持76户灾民住房及沼气项目建设，户均援助5 618元，援建红砖彩瓦安居房76栋11 019.36平方米，建8立方米上流式浮罩沼气池74口，购沼气燃具74套，建节能灶2眼，环保卫生厕所2个。

隆阳区历来重视与香港乐施会合作，积极争取项目、资金扶持，补充了扶贫项目建设资金，有效缓解了资金不足的问题。在香港乐施会的援助下，赛林灾后民房重建项目于2005年初就顺利完工，76户324名傈僳族灾民在春节前都住进了新房，生产生活很快就得到了恢复和改善。另外，香港乐施会还对赛林村沼气建设培训给予了及时支持，一是组织县区扶贫办和乡村干部及村民代表赴湖南省常德市等地，对上流式浮罩沼气能源建设技术推广运用和综合利用进行考察；二是聘请湖南专家到赛林进行上流式浮罩沼气建设运用技术推广培训4期139人，推动了保山市扶贫项目建设上流式浮罩沼气运用技术的推广实施。

迁出深山的赛林傈僳族村民，来到了潞江坝省道东六（东风桥至六库）公路旁，远离了灾害隐患重重的原住地，告别了篱笆草房不挡风，守着火塘过寒冬，几乎与外界隔绝的深山老林里的封闭式生活，正沿着通往小康的道路向前迈进着。“家家户户住的是红砖彩瓦安居房，还用上了电灯、沼气，孩子们有学上，年轻人学会了外出打工，观念也转变了，有的适龄青年还与其他民族通婚联缘，各方面的发展至少是提前了30年!”傈僳族村民密加富是这样说的。如今，全村76户有电视机43台，摩托车68辆。2007年，人均占有粮食300公斤，人均纯收入1 200元，分别比2003年增加70公斤、800元。

春染农家翠欲滴

——世行贷款西南扶贫项目助推巧家扶贫工作

周国明　云南昭通市巧家县扶贫办

"煮饭用上沼气灶，照明更有白炽灯；幸福生活蒸蒸上，吃穿住行不操心。"这是巧家县认真实施世行贷款扶贫项目带来的真实而生动的写照。1994 年以来，世界银行参与中国扶贫，巧家县有幸被列入世界银行贷款中国西南扶贫项目县。自此，巧家县铅厂、马树、老店等 9 个乡（镇）38 个村 813 个村民小组掀开扶贫开发历史新篇章……

巧家县是国家重点扶持特困县之一，是一个典型的山区农业大县、穷县，境内山高坡陡，沟壑纵横，生态脆弱，气候复杂，海拔相对高差达 3 900 米，水利、交通等基础建设滞后，加之灾害连年、人口负荷重等因素，农业产业化步伐十分缓慢，"种一遍坡，收一箩箩"是巧家县十年前农业状况的精辟概述。枯木逢春，1994 年，这片古老、贫困的土地迎来了千载难逢发展机遇——世行贷款扶贫项目在这里实施！

有一组枯燥的数据能再现项目实施前的贫困面貌：年人均纯收入低于 320 元的贫困户达 22 289 户，贫困人口 85 946 人，分别占总户数、总人口的 90.17%、89.5%；项目区人口密度 119 人/km^2；人均水资源量 44.8 立方米，亩均水资源量 1 965 立方米，而水资源开发利用率仅占总水资源量的 1.83%，还有 59 331 人饮水困难，有效灌溉面积仅有 9 330 亩，占需水灌溉面积的 59.48%；38 个村中仅有 4 个村通电，16 个村通简易公路；教育方面，有小学 134 所，校舍面积 30 013 平方米，公办教师 213 人，民办教师 77 人，代课教师206人，在校小学生数12 063人，入学率、完学率分别为89%、50%。医疗卫生方面，95 533个村民只有村级医生64人，村医医疗水平较低，医疗器械几乎没有，婴儿死亡率、新生儿破伤风发病、人口死亡率分别高达56‰、1.3‰、6.4‰；粮食播种面积8 330公顷，人均0.088公顷，粮食总产量1 450万公斤，平均单产1 740公斤/公顷。有林地26 910公顷，森林覆盖率为12%；农业生产方面，农业现代化水平极低，农业耕作粗放，有效灌溉面积占耕地面积的3%，化肥施用量124公斤/公顷，大畜牧户均出栏数0.3头，人均有粮190公斤，人均口粮156公斤，人均纯收入176元。

巧家县世行贷款西南扶贫项目计划总投资10 411.51万元，涉及教育、卫生、劳务输出、基础设施、大农业、二三产业、贫困与项目监测7大类22个子项目，覆盖9个乡38个行政村，受益农户20 160户85 500人，占项目区当年总人口的89.4%。

巧家县十分珍惜这一来之不易的脱贫发展良机，在实施整个项目中，严格按照“综合治理，成片开发，统一规划，分年实施”的原则，紧紧围绕世行《评估报告》确定的项目目标，结合项目区的实际情况和贫困村民的意愿开展。自1995年项目启动以来，在历次《备忘录》的指导和省、市世行办的帮助下，经过广大干群的艰苦努力，不断完善项目管理，项目建设进展顺利。至项目结束，共完成投资11 247.56万元，占项目总投资的108%，超8个百分点。

在项目过实施程中，由省、市、县、乡、村分别成立项目领导小组和项目管理机构，明确职责和分工。巧家县成立了由县长任组长的项目领导组，成员由县政府办、经贸局、计建局、财政局、扶贫办、世行办以及子项目涉及单位的主要领导组成，主要负责研究决定项目实施的重大方针、政策和措施，审查和批准项目的总体设计规划、实施方案和年度执行计划，研究和解决县级配套资金的筹措，世行贷款的分配、偿还及其他全局性、敏感性问题。同时，负责检查和督促项目实施，研究、解决实施中的困难及问题。各项目乡（镇）也成立领导组，统一组织实施项目，及时解决项目实施中的存在问题。

项目实施前与项目实施后相比，项目区逐年突显新变化，突出表现在“七个上升，五个下降，两个转变，一个改善”的巨变，农民人均纯收入从 1994 年的 176 元上升到 2000 年的 566 元，增长 2.2 倍；人均有粮从 1994 年的 190 公斤上升到 2000 年的 284 公斤，增长 49.5%；人均占有基本农田从 1994 年的 0.35 亩上升到 2000 年的 0.56 亩，增加 0.21 亩；户均占有经济林果从 1994 年的 1.1 亩上升到 2000 年的 3.2 亩，增加 2.1 亩；适龄儿童入学率从 1994 年的 89.2% 上升到 2000 年的 98.37%，上升 9.17 个百分点；完学率从 1994 年的 50.1% 上升到 2000 年的 97.18%，上升 47.08 个百分点；新法接生率从 1994 年的 46.25% 上升到 2000 年的 93.05%，上升 46.8 个百分点；“五个下降”即绝对贫困人口从 1994 年的 85 946人下降到 2000 年的 7 142人；辍学率从 1994 年的 6.5% 下降到 2000 年的 1.6%，下降 4.9 个百分点；婴儿死亡率从 1994 年的 61.87‰下降到 2000 年的 34.97‰，下降 26.9‰；传染病率从 1994 年的 10 万分之 647.05 下降到 2000 年的 10 万分之 447；饮水困难人数 1994 年的 59 331人下降到 2000 年的 19 607人，解决 39 724人的饮水问题；“两个转变”，一是正在逐步实现传统农业向现代农业转变，二是农户逐步增强了科技意识，淡化了小农经济意识，开始有了商品经济观念这一大转变；“一个改善”，即交通、能源、水利、通讯等基础设施进一步夯实，农户生产生活条件得到改善，为进一步脱贫致富奔小康奠定了坚实的基础。

通过真抓实干地实施一个个扶贫项目，如今，项目区山绿了、水清了、路通了、畜多了，农业产业化进程加快了，近 9 万贫困群众开始走上脱贫致富的阳光大道。世行项目检查组的官员们到老店镇大火地村检查养羊项目实施情况时看到群羊满山坡，皮安澜团长竖起大拇指，连连大叫：“OK—OK—OK—”，当日晚上 8 点，这位外国官员高高兴兴地穿着一个老百姓赠送给他的毡褂（毡褂是当地农民用绵羊毛制作的、很“土”的、只有农民会穿的一种衣物）走进县委大礼堂参加世行扶贫项目实施情况反馈会议，成为会议的一道亮丽的风景！

一个扶贫干部眼中的外资扶贫

陈红伟　四川南充市嘉陵区扶贫办

我与外资扶贫极有缘分，这种缘分从参加工作那天起就开始了，直到今天这种缘分还在继续。

1995 年大学毕业我被分配到四川嘉陵区（国定贫困区）一个偏远的乡镇，领导安排我从事扶贫工作。第三天就接受了区扶贫办的一个培训，培训的内容就是我区扶贫史上的第一个外资扶贫项目——秦巴山区扶贫世界银行贷款项目。一切都很新鲜，我接受了培训，带回了一大套系统而繁杂的表册，指导村会计填写村基本情况的相关数据，因为工作积极认真，不久就调到了区扶贫办专门从事秦巴扶贫项目。

1996～2004 年，我一直在从事秦巴项目的争取准备及项目的实施工作，我第一次领略了外资项目的科学性与严谨性。这是一个综合性的一揽子扶贫项目，涉及扶贫领域的方方面面，分为基础设施、农业生产、农业加工、社会事业（教育、卫生）、机构建设五个部分，项目设计通过目标与现实的差距，计算群众的人均项目投资强度。项目惠及我区 8 个乡镇、93 个行政村、2.6 万户、近 10 万人，项目总投资达到 1.44 亿元，其中世行贷款 5 667万元。经过全区人民的共同努力，项目取得了圆满成功：农业生产条件得到明显改善；农民人均收入大幅度增加，粮食安全得到保障；每户都有一名能掌握 1～2 门技术的新型农民；社区环境明显改善，人居环境得到改变，教育卫生事业有了长足发展，项目区贫困状况得到根本缓解。除了这些外，印象最深的就是扶贫理念的转变由单一的政府主导开始逐渐过渡为农户参与模式。2002 年 3 月龙池乡大田沟村、一立镇围塘坝村群众在进行项目验收评价过程中采取了参与式评选办法，通过举手表决、多数服从少数的原则评价项目执行效果的场面至今仍在脑海回想，大家迫切想改变贫困面貌、参与项目建设、表决意愿的喜悦心情荡漾在脸上。2003 年 4 月，世界银行高级经济学家卜圭农先生专程赴嘉陵考察并肯定了嘉陵区的外资扶贫工作。

2005～2008 年嘉陵区开始了社区主导型发展项目（CDD）的争取与实施过程。如果说秦巴项目在扶贫理念上是一个跨越式的进步，那么现在实施的社区主导型发展试点项目（CDD），则是理念上的一个质的飞跃。随着飞跃，我个人也更加成熟。

所谓社区主导就是将资源的决策权、管理权、实施权真正放权于民，让群众自己管理、自我发展，这是一个能力建设的过程，同时也与党中央提出的建设服务型政府相吻合，权力下放后，政府的工作就是服务职能。但是如何转变，通过何种形式转变，我们没有更清晰的认识，作为国家级扶贫工作重点县，在此基础上进行扶贫试点，其意义远不止于表面的一些项目的实施。社区主导型试点（CDD）项目再次让我感受到项目设计的严谨性、科学性和项目的延续性。

一是项目的严谨性。项目执行前就已经有一个明确的操作手册在帮助指导我们各级应承担的工作职责和项目实施的工作程序，避免偏离轨道但又允许适当修正。

二是项目的科学性。首次将投诉机制作为一个主要内容提出，将信访制度直接安置于项目实施的过程中，将矛盾处理于萌芽状态，保障了群众的权利，也督促各级进一步履行职责。在项目实施过程中，石马垭村四社的青平就该社项目执行初期的某些路段质量不达标情况直接投诉到省项目办和国务院扶贫办外资中心，经过改正，工程质量得到保证，群众更加满意，同时也对其他未实施的项目提出了警示。

三是项目注重对能力的培养。让群众自我管理、自我发展就是要通过项目的实施提高群众的各种能力。我们要放权，首先要相信群众的能力；其次我们要为群众提供必要的技术服务、信息咨询帮助；群众的能力提高了，县、乡各级部门的能力也就必须提高，否则就无法帮助新时期农民解决更多的问题。最后达到的目的是所有参与项目实施的管理者与参与者都提高了能力，促进了个人与社会的进步。现在我们项目区的群众都充分认识了各村在发展中存在的主要问题，并明确了发展的方向，而作为项目管理者，我也从中学到了很多东西。

在参与外资扶贫项目实施过程中，带给我的不仅是一项工作、更是一段丰富的人生经历，一笔巨大的精神财富。他将带领着我继续追逐梦想。

在项目实施过程中，有很多感人的故事至今荡漾在脑海：当初项目宣传阶段，很多群众不理解，认为我们又在搞形式主义，说话不会算话，我们就把项目的内容和监督电话张贴在每个村每个社的最引人注目的地方，如有违反项目内容的事情群众可以随时越级投诉给我们和相关人员。为了加强群众对项目知识的理解，我们还将有关项目内容和投诉机制内容作为作业交给各个村的群众，要求在一定期限内记忆并理解，为了保证效果我们采取了村与村竞争，哪个村的群众记忆与理解程度经随机抽查达不到90%就不能继续执行项目。我是一名严格的考官，谁在我这里说情都是行不通的。我清楚地记得金凤镇何良村 4 社的一个群众因为年龄偏大加之有些紧张，说错了一个知识点，生怕我要扣分，不停地解释希望我再考他一次；石楼乡罗家寺村在第一次宣传阶段的考核过程中因知晓率低没有过关，村项目管理委员会成员集体向我保证：“再给我们半个月时间，请放心我们一定会达到90%的知晓率的”；而积善村二长沟村一位 82 岁的老奶奶居然对项目的内容也能够熟记于心，真是让我感动；三会镇观音院村的一些妈妈们因为农活多生产忙，担心记不住，平时就让自己的儿女们当考官帮着记忆考核……每个村都有许多感人的故事，正是因为他们的朴实可爱，对我们的极大信任，对项目的正确理解与认识，我们的试点工作才得以顺利开展。

在项目实施过程中，各村项目委员会的主任们顾大家舍小家的精神更值得我敬仰。下乡时经常能看到石马垭村项目管理委员会任义元主任在工地上指导群众如何正确监督工程质量或正在监督工程质量；据群众反映因工程实施需要，为赶进度节约成本，他自己还贷款垫付了一部分工程款用于采购原材料；文官沟村的张朝禄主任由于忙于项目实施工作，经常主动放弃一天收入200多元的摩托车出租生意；樊家沟村的王超主任出于群众的极大信任，放弃了外出承包工程年收入10余万元的机会。CDD项目让村民素质不断提高，村民更加团结，干群关系更加和谐。正是由于管委会班子中有这么一批无私奉献的领导者，才使CDD试点项目得民心，群众积极筹资投劳，经过一年半的项目实施，目前15个项目村都发生了巨大的变化：村村通了公路、社社联了石板路、家家用上自来水、灌溉设施均维修，干旱季节不再愁、户户都有致富路、喂猪养鸡种瓜果，勤劳致富比本事。

每次到偏远的白家乡樊家沟村去检查工作，总是有几位老大娘激动地握着我的手久久不愿放开，不停地说谢谢你们帮我们修了公路，我们的日子越来越好过了。但我知道我们做得还不够好，樊家沟村还需要很多年的变化才能真正达到较为完善的基础条件，另外还有很多偏远的乡村需要我们更大的帮助。让更多的贫困群众提高能力实现长期稳定的脱贫致富是我的梦想，我将会为实现这一梦想不懈努力。

世行骄子写春秋

——写在世行贷款运城扶贫项目实施15周年

崔　蕾　郭发元　山西运城市国际金融组织贷款管理局

(一)

翻开河东改革开放卅年的精美画卷，
一道道靓丽的风景展现在我们面前，
世行12亿元巨额扶贫贷款，
把这块古老而魅力的大地装扮。
凝视着心醉神迷的今朝景观，
鲜活激扬的画面尽情地浏览：
春天的诺言悄然扑面，
夏日的辉煌大地写满，
秋月的硕果枝头压弯，
冬季的翠绿铺满田园。
四时的美景让我们陶醉其间，
万千的思绪使我们心翔神泛，
世行人已经走过15个春天和秋天，
心底里蕴蓄着对激情岁月的追念：
一件件往事令他们心潮滚翻，
一幕幕情景在他们眼前浮现，
一个个梦境陪他们通宵达旦，
一行行热泪伴他们走过昨天和今天。

(二)

1992 年一个孕育希望的春天，
南巡讲话如春雷震撼了塞北江南，
东方神州展开了一幅百年新画卷，
引领人民在新的征途上扬起了浩浩风帆。
惠风和畅，生机盎然，
涌动的经济大潮掀起滔天狂澜，
富民强国的战略目标辉煌灿烂，
中央决定唤起民众向贫困宣战。
那时运城地区的财政举步维艰，
仅靠丁点的救济款难攻扶贫关。
还是这一年的秋天，
一条信息传送到刘峰同志耳边，
世行还有最后一批优惠贷款，
可扶持贫困地区农民搞发展。
睿智较真的刘峰对信息极为敏感，
“世行”二字在脑海里凝成一个点，
围绕世行这个点，循着财政这条线，
刘峰同志豪情满怀、重任在肩，
决心将世行和农民的金桥相联，
带领一班人开始了艰难的追踪溯源。
多少个夜晚，他们长思不眠，
多少个夜晚，他们焦虑不安，
多少个夜晚，他们把电话打到北京太原，
多少个夜晚，他们在旅途中疲惫不堪。
吃过冰凉的菜饭，
住过简陋的旅馆，
受过严冬的风寒，

走过夏日的梦魇。
至今提起当年的维艰，
晶莹的泪花还会盈满双眼。

（三）

7月的河东大地赤日炎炎，
燥热和酷暑弥漫在运城宾馆，
15个房间里聚集着30多名业务骨干，
他们凝智聚力奋笔书写着运城的明天，
经过7天7夜的奋力鏖战，
飘香的项目建议书放在了领导面前。
带着贫困农民的心愿和祈盼，
靠着各级领导的支持和信念，
凭着坚韧的毅力和勇敢，
终于踏进了世行司的门槛。
几番修改，几多恳谈，
痴心和真诚感动了世行司的官员，
项目建议书令世行官员声声啧赞，
运城被列入世行扶持发展的重点。
飞来的喜讯在河东大地频频相传，
脱贫的希望如初升旭日袅袅冉冉。

（四）

创业者的信念永远是执著不倦，
创业者的步伐永远是铿锵稳健，
创业者的胆识永远是搏击从容应战，
创业者的禀性永远是忠诚奉献。
聆听着世行人的铮铮誓言，

体味着立项4年的苦辣酸甜，
回望着立项4年的风雨坷坎：
感念着当年立项的路漫漫。
世行贷款立项程序多而繁，
科研报告技术要求准而全，
外国专家考察论证细而严，
多次反复评估谈判紧而悬。
面对能力与素质的考验，
面对不同地域碰撞的观念，
面对世行专家的挑剔把关，
面对浩繁资料的严格规范，
世行人勇敢地迎接了挑战。
立项4年：
敲击键盘的手上起了茧，
反复修改的次数难以计算，
英汉对照译本堆成了小山，
亿万核实的数据资料把卡车装满。
立项4年：
英勇奋战凸显着敬业职守的亮点，
没有节假日、没有星期天，
夜以继日是他们自觉工作的习惯，
通明的灯火彻夜为他们烁烁炽燃。
立项4年：
父母住院治疗不能在身旁陪伴，
爱人分娩，他们却在地头田间，
孩子生病只能托付给妻子照管，
而对事业的钟情永远无悔无怨。
立项4年：
汗水洒在了条条沟壑、座座荒山，
脚印留在了一个个农家小院，

激情的歌声荡漾在河川平原，
欢快的笑语在广袤的田野里回旋。
4年的心血凝为典范，
4年的付出树为样板，
4年的业绩令人艳羡，
4年的征战蔚为壮观。
成功的喜悦映红每个人的笑脸，
激动的泪花在眼眶里流转。

（五）

这里曾是中华农耕文化渊薮的祖先，
这里曾是中华民族繁衍生息的摇篮，
这里曾是中华五千年文明的主题公园，
这里曾是文臣武将叱咤风云的尘寰。
沧桑的岁月留下了许多精妙的画苑，
一代代英才写下了美轮美奂的鸿篇。
而今又一代风流人物把江山指点，
用灵动的画笔把黄土地倾情装点：
从历山之巅到黄河岸畔，
从峨嵋台地到中条深山，
9大世行工程在河东大地恢宏铺展，
处处呈现着改地换天的动人场面。
各级世行领导东奔西走亲临阵前，
所有世行官员与项目农户共苦同甘。
聘来技术干部精心指导典型示范，
引得项目农户群策群力快上大干。
蓝天、白云、土地、世行人携手相牵，
孕育出一个风光绮丽的诱人画卷。
12亿元的世行扶贫项目贷款，

成就了贫困农民的多年夙愿。
世行人的一腔热血化为璀璨绚烂，
世行人的一页辉煌写在它的上面。
项目工程实施与管理的 11 年：
人迹罕至的崎岖山道如今拓成了柏油路面，
“蜿蜒天路”上奔跑的车辆腾起了阵阵尘烟，
致富信息唤醒了千年沉睡的深山，
饱受行路难的父老乡亲们绽放出多彩笑颜。
项目工程实施与管理的 11 年：
苍凉的黄河滩涂织成了幅幅五彩锦缎，
苹果香、桃儿甜、梨子脆、杏儿鲜，清香一片，
稻谷醇、玉米黏、麦浪翻、金黄的油菜花招来蜂蝶舞翩跹。
荷塘里鲤鱼跳、鹅鸭欢，悦耳的蛙声唱岸畔，
和谐优美的交响曲奏响了生命的春天。
湖面上翔翅击水的灰鹤、飘逸潇洒的大雁，
芳美的水草为它们构筑了栖息的家园。
项目工程实施与管理的 11 年：
引黄工程配套设施日臻完善，
百万亩昔日干涸农田水流潺潺；
79 眼井水悠悠甘甜，
结束了上千年的人畜吃水难；
两万亩日光温室绿意盎然，
菜农的脸上荡漾着怡人的笑妍；
89 万亩山地层林尽染，
欢快的小鸟鸣唱在其间；
千万株酸枣结大枣遍布在沟沟坎坎，
一串串鲜亮的红枣随风摇曳惹人馋。
项目工程实施与管理的 11 年：
养殖业拓展了持续发展空间，
上万只驯顺的羊儿在草地上漫步悠闲，

几万头健硕壮牛在场子里哞哞呐喊，
数千头梅花鹿在围圈里跳跃撒欢。
111个兽医站改造绩效斐然，
畜禽的存栏数量增幅可观，
养殖户的收入年年翻番。
新农村建设有了产业支撑点，
奔小康路上争先恐后你追我赶。
项目工程实施与管理的11年：
扶持企业摆脱了困境克服了困难，
英姿焕发地迈上了新的起跑线。
绛县维之王闯市场拓销路订单源源不断，
年创利税占据了本县半壁江山。
夏县面粉厂理顺体制转变观念，
顺天牌面粉覆盖了3省6市38县。
闻喜的脱水蔬菜长期贮存能保鲜，
市民的餐桌上顿顿盘溢碟满。
十几个加工企业争先恐后谋发展，
税费增收为当地经济发展做出了重大贡献，
犹如雄鹰在高空振翅飞旋，
宛如雨后的彩虹夺目耀眼。
项目工程实施与管理的11年：
面对项目对操作技术的要求高而难，
面对项目户对科技文化的焦灼渴盼，
他们把目光瞄向了科普知识的广泛宣传，
各类技术培训的人次达到七八万，
用科技之光指引着百万项目户前进的航船。
项目工程实施与管理的11年：
资金的使用得到了全程有效监管，
从立项到拨付、从使用到归还制度很规范，
一笔笔资金发挥了效益降低了风险，

健全的机制保证了项目稳妥实施运行安全。
项目工程实施与管理的 11 年：
项目区的直接效益、衍生、裂变效应十分可观，
惠及受益农民 147 万，项目户人均收入达到 2 470元，
年增效益 5. 3 亿元，为地方财政增加税收 2 000万。
农民的生产生活如芝麻开花节节攀，
建设新农村的宏伟目标指日可实现。
项目工程实施与管理的 11 年：
世行办人在栉风沐雨的历程中得到了熔炼，
团队精神在如火如荼的岁月中得到了创建，
知识领域在开拓创新的实践中得到了拓展，
职业道德在服务群众的细微中得到了体现，
人生价值在志存高远的豪情中得到了实现，
坚强意志在丰富多彩的人生中得到了考验。

（六）

转瞬间世行人走过了漫漫 15 年，
15 年世行人的路程坎坷又艰难。
世行人的经历苦甜紧相连，
世行人的收获丰硕而又沉甸，
世行人的人生多彩而又绚烂，
世行人的丰碑永远伫立在天地间。
当年风华正茂的年轻人已步入壮年，
当年意气风发的壮年人如今两鬓斑斑，
当年的记忆深深嵌印在脑海间，
当年的动人故事定会代代颂传，
当年编织的梦想会延续到明天，
明天的故事将是更加动人心弦。

（七）

当我们轻轻地掩上河东改革开放卅年的画卷，
心里涌动的是对世行人的称羡。
脑海里浮现的是对一代群体风流人物的仰瞻，
久久的凝思，深深的慨叹：
我们感受世行人的思维超前，
我们感受世行人的忠心赤胆，
我们感受世行人的真抓实干，
我们感受世行人的创业艰难，
我们感受世行人的敬业奉献，
我们感受世行人的精神永远……

大山永远铭记

——有感于改革开放进程中的外资扶贫

黄建宁　广西德保县世行办

我们没有忘记

1995 年前的德保大山里
仍有 15 万农村人口生活在温饱线下
仍有多少老百姓没有告别出门靠步行肩扛驮背的历史
仍有多少农民朋友在抱怨喝一杯干净水洗一次澡咋就那么难
仍有多少农民朋友在抱怨买一包板蓝根看一次医生咋就那么难
仍有多少农民朋友在抱怨找一分钱吃一餐肉咋就那么难
仍有多少农民朋友住在低矮的茅草房里做着楼房梦
仍有多少守望牛羊和田野的孩子做着上学梦
仍有多少在村里无所事事的青年做着进城务工梦
仍有多少青少年围困在麻将砌成的长城里虚耗光阴
……
这一切可怕的现实
是那么地难忘

我们不能忘记

1995 年 7 月后的德保大山里
利用世界银行贷款 4 350万元（人民币）的项目
全面启动实施
擂响了世行外资扶贫的战鼓
从决策者到设计者

从指挥者到战斗者
从建设者到执行者
从落实者到完成者
求真务实，真抓实干
心往一处想，力往一处聚
劲往一处使，钱往一处投
经过多年的艰苦努力
成效凸显

如今

一条条项目公路已贯穿德保县项目区的山山岭岭
犹如缠绕在山坡间的银色飘带
变沟壑为通途
让山里的老百姓早日踏上脱贫致富路
一栋栋漂亮的教学楼让抛弃书本的孩子重新回到学校
一串串琅琅的书声震破大山积累的沉寂
一次次清脆的钟声又敲醒了多少颗沉睡的心
眼睛望着眼睛，心灵感化心灵
他们
正在沐浴着外资扶贫的博爱
他们
也正在用实际行动回报所有的关爱
一所所标准的卫生室让山里人不再备受病痛时的煎熬
有病即医，病有所医
不再是遥远的梦想
一个个圆形蓄水池水柜
如同深山里的聚宝盆
为农民朋友提供了生活用水保障
一根根电线杆架通了高低压输变电线路
使农民朋友告别了夜幕中的黑暗

迎来了光明
昔日空空的屋栏下
已被成群的猪马牛羊塞满
鸡鸭鹅也耐不住寂寞
唱着各自拿手的歌觅食去
昔日杂草丛生的山坡上
已被披绿带翠的八角茴油林、板栗、月柿、玉桂、竹子、木薯等取代
焕发着勃勃生机
长生茅屋的田野
如今长出了林立的楼群
错落有致地分布在山脚下、小河边、红枫中、竹林里
构成德保一道道独特的风景线
靠母鸡下蛋换回油盐的双手
如今扛回了一件件洋里洋气的东西
彩电、冰箱、洗衣机、组合音响等现代家用电器大量进入百姓家庭
山里人连做梦都没有想到过的轿车、农用车、摩托车、手机等
如今也融入了他们的生活之中

变化

仿佛就在一夜之间
面对这些变化
昔日那布满菜色的脸
而今怎能不容光焕发
昔日那干涸的心
而今又怎能不春潮激荡
涌起对明天更加美好的憧憬
我们无法忘记
这一切美好的实现

决不是偶然
我们无法忘记
世行外资扶贫项目的实施
极大地促进了德保社会、经济、科技、生态的协调发展
再一次让我们德保人读懂了外资扶贫的意义
它不仅仅是体现在项目建设期的目标实现
更重要的意义
是在于它
能影响项目区几代人的命运和发挥长久效益
世行外资扶贫
为德保所奉献的爱心和真情
为德保县所办的实事和好事
说不尽道不完
德保的绿水青山
德保的壮乡瑶寨
德保的各族人民
将永远铭记
世代不忘

三 等 奖

"改革开放进程中的外资扶贫"有奖征文活动获奖作品集

畅游“世外枣园”

姜炳运　山西盐湖区世行办

古代文人陶渊明用笔描写出了人们梦想中的世外桃源，如今，运城市盐湖区有个叫王长午的人，在世界银行贷款的支持下，用双手建立了一个能够看得着的“世外枣园”，令现代人神往。

金秋十月，笔者慕名走进了这座园子。

这是一座足有30亩大的封闭式枣园。站在高处望去，起伏不定的地势流露出自然之美，秋风微微摇曳着收了果儿一身轻的枣树，淡黄色的鸡舍似隐似现在枣林之中，雪白的羊群如白云飘荡，欢快的鸽子在空中盘旋翱翔。若不是那台具有现代化气息的抽水机尚在哗哗高唱，还真的以为身处远古的自然之中。

漫步诗画一般的园子，我们在一饱眼福的同时，听着园主王长午的介绍。

“世外枣园”由枣树园和养殖场构成。其实这两部分似分未分，园接着场，场充实着园。养殖场排出的羊、鸡、鸽粪便，随着灌溉的水流流向每个角落，肥沃园内土壤；枣园丰富的野草资源、落叶落果和多种微生物营养，为禽畜提供各种天然饲料。

好一个科学的生物能源循环利用链！更是一个高效绿色生态农业基地。

王长午是一个乡土科技人才，他一直对利用酸枣资源发展有着浓厚的兴趣，但囊中羞涩使他无法实施。1995年春，世行贷款山西扶贫项目的立项准备工作在即，他欣喜万分，主动找到原运城行署世界银行贷款办公室，向负责人谈了自己的想法，愿在酸枣接大枣方面为广大百姓当个“马前卒”，探条致富路。王长午如愿了，在世行贷款的扶持下，他承包了羊驮寺飞机场这片杂草丛生、酸枣刺遍布脚下的废荒地。

如今，这片已建成美丽庄园的土地成了“聚宝盆”。建园以来，每年产鲜枣5万余斤，接穗10余万个，种鸡3千余只，羊和鸽子数百只，总产值15万余元。

1997年秋，原运城地委、行署为了尽快在全区推行和发展枣林经济，8月29日在这里召开了全市枣林建设现场会，组织县、乡、村三级干部骨干现场参观，王长午同志在大会上还作了典型经验介绍，与会领导赞不绝口。《山西日报》、《运城日报》和地、市电视台等多家新闻媒体相继进行了专题报道。“满园春色关不住，一枝红杏出墙来”，王长午“化腐朽为神奇”的事迹不胫而走，各地慕名而来的农民络绎不绝，他热情传授、免费接待，并将部分接穗和枣苗无偿送给贫困户。在他的带动下，通过世行贷款的扶持，盐湖区先后涌现出一批有识之士开发中条（中条为地名）、拓荒造林，并已取得了巨大的社会效益、经济效益和生态效益。

1999年9月15日，世行专家沃林斯先生观看园子后，称之为扶贫项目的样板工程，可口脆甜的大梨枣受到专家们一致赞誉。在省城太原举行的世行项目检查总结会上，世行检查团伏格乐团长对该园给予了高度的评价。

正是：徜徉枣园胸臆荡　　心随秋实乐不疲

欣欣此意何菁菁　　扶贫开发写华章

龙头高昂倚世行

——闻喜县世行办扶持山西维泰食业公司纪事

李宝珠　山西闻喜县世行办

沿大运公路南行，在距离闻喜县城 3 公里处，有一座现代化的大型蔬菜加工企业。每天，这里机声鼎沸。运送蔬菜的农用车川流不息，进进出出的菜农脸上挂满笑容。这个企业就是闻名三晋的新型农村产业化龙头企业——山西维泰食业有限公司。公司现有员工 500 人，占地 50 亩，总投资 2 880万元，拥有两条达到国内先进水平年产 4 000吨的速冻蔬菜生产线，一条年产 1 000吨脱水蔬菜的生产线，两座库容全部为 1 000吨的冷库和恒温库，一处高标准微生物化验室。公司年产脱水蔬菜、速冻蔬菜 3 000吨，生产的高档脱水蔬菜芦笋粉、小管葱、青红甜椒、芹菜、菠菜、胡萝卜等在欧美、日本、韩国、东南亚市场上常年走俏，供不应求。企业的兴旺发达，带动农村产业结构的迅速升级换代，全县蔬菜面积达到 10 万亩，除直接供应市场外，剩余近半数的产品在这里加工升值。由于企业在建设社会主义新农村中发挥了突出作用，近年来先后被命名为“山西省富民标兵”、“山西省百家科技兴农功臣”。那么，山西维泰企业这样骄人的社会效益和经济效益，是怎样取得的呢？公司董事长兼总经理刘云生深情地说：“当年，我们这个企业只是一个靠人工和土烘烤炉加工萝卜干的小作坊，能发展到今天这样的规模，没有闻喜世行办的重视，没有世行的资金支撑，我们连想也不敢想。如果说维泰企业的发展是一个神话，那么，这个神话的创造者就是世行办的同志。”

1992 年以前，闻喜县的农村蔬菜由于种植面积逐年扩大，产量越来越高，但市场容量却有限，农民辛辛苦苦种植的蔬菜，经常是在地头堆积如山，没有销路，直到烂如泥、臭如粪，连猪都不吃。有的户搭上功夫，贴上农药、化肥、种籽，最后落得个“精打光”。仅仪张村有一年就倒掉了13万斤蔬菜，菜农晋天合两亩地生产的1万斤菠菜，不仅分文未收，还倒赔进去500元。在这种严峻的形势面前，为解决农民卖菜难的问题，1993年，闻喜县下阳乡办起了乡镇企业蔬菜加工厂，将农户卖不出去的菜收购后，进行烘烤加工，主要产品是萝卜干、菠菜粉。这个企业就是山西维泰食业公司的前身闻喜绿色食品厂。建厂当年，小厂就加工菠菜一百多万斤，解决了工厂周围三四个村蔬菜积压的问题。从这个小厂子里，农民们看到了希望，他们纷纷找到乡里要求厂里敞开收购。把卖不出去的蔬菜全部加工。县里领导也十分赞赏和支持，认为这是一条加快农民致富奔小康的康庄大道，要求企业扩大规模，提高生产能力。然而，当时小厂的设备实在太简陋了，除了烘烤炉外，再没有任何像样的设备，工艺全部都是手工完成。后来，在县领导的支持下，企业逐年增添一些新设备，盖起了较为宽敞的车间。但是，始终有一个问题困扰着企业的领导，就是尽管企业全年都是开足马力生产，工人实行三班倒，歇人不歇机，但全靠设备支撑的企业，总是迈不开大步，每年加工的蔬菜产品突破不了500吨大关。春、夏、秋三个蔬菜生产旺季，农民给企业送菜的拖拉机把队都排到了大运路上，最长达1公里。一些人为让厂里收购自家的菜，还到县上、乡里找关系，走后门。生产能力太低了，这只是令人无奈的一件难事。另一难事是厂里资金有限，蔬菜加工利润薄弱，资金周转周期较长，即使收下了农民的菜，往往不能马上付钱，还得“打白条”。更新设备，扩大规模，是企业发展壮大的要求，是菜农脱贫致富的期盼，更是发展农业产业化的必然趋势，企业从原料市场到产品市场都不存在问题，县、乡领导在政策上也对企业的扩充一路绿灯。然而，扩厂的资金却严重不足。农行、信用社以及农村基金会都曾给予支持，但由于受到贷款额度的限制，能提供的资金远远不能满足把小厂改造成较大型蔬菜加工企业的要求。这样，一家受农民欢迎、受各级领导重视的小厂子就处在这样一种不仅不能做大做强，连继续生存下去也处于资金短缺的窘境之中。

闻喜绿色食品厂的困难，闻喜县世行办的领导看在眼里，急在心里。世行办刚刚成立，要求贷款扶持的人就纷纷找上门来，但办里的领导和工作人员，早就把扶持的重心放在推动农副产品深加工和促进农村产业化的发展上来。1995 的秋天，世行办上门到绿色食品厂调查研究，厂里干部职工喜出望外。当了解到企业已经做出引进速冻蔬菜生产线的计划时，他们当场拍板，给以资金支持。从那时起，绿色食品厂迈开了建设现代化蔬菜加工企业的第一步，闻喜世行办也开始书写支持富民企业发展的壮丽篇章。

1996 年，绿色食品厂扩建工程奠基开工，县世行办和运城地区世行办的领导与地县领导共同挥锹为奠基石培土。大型车间基建项目，从图纸设计到工程招标，县世行办都进行严格的把关。在施工的半年中，县世行办派出一位工作人员，亲临现场指导、监督，对保证工程质量和进度，起到了促进作用。在引进设备时，他们又同企业一起研究技术资料，分析市场形势，选定了当时最先进的生产线。在世行资金的有力支持下，1998 年，闻喜绿色食品厂完成了设备更新换代，员工由 50 人增加到 500 人，总投资由不足百万元增加到 2 880万元，仅固定资产就高达 2 300万元。在此基础上，企业完成了改制和重组，成立了山西维泰食业有限公司，发展成为外向型农副产品加工企业。

企业规模扩大以后，建立蔬菜种植基地成为当务之急。县世行办知道后，再次予以资金支持。有了钱，企业在全县 8 个乡镇建设了近 3 000亩统一管理、统一供种、统一技术指导、统一治虫和保证收购的“四统一保”原料供应基地，同 6 000多个农户实行合同种植、订单收购，现金一次结算，绝不打白条。在企业的扩展和发展种植基地的整个过程中，世行先后贷款 700 余万元，极其有力地给予了资金支持。

如今，山西维泰食业有限公司成为高高昂起的农业产业化的龙头，形成了“公司 + 经纪人 + 农户”的发展模式。据不完全统计，通过收购加工蔬菜，每年可为生产基地的农户增收500～1 000元，为全县农民总收入增加1 000万元。企业带动周边农民兴办的相关产业和运输业，每年还可为农民增收520万元。企业每年为农民工发工资300万元。在取得如此显著社会效益的同时，企业自身的经济效益越来越好，年产值达3 000多万元，年创汇400多万元。在此期间，维泰食业公司铸造辉煌，成为当地的明星企业，而县世行办支持企业发展壮大，也在全县群众中传为佳话。

这正是：维泰原是一小厂
进退维谷入困境
热心帮扶获新生
龙头高昂倚世行

脱贫致富路上的领头雁

雷正彬　新疆于田县扶贫办

在于田县希吾勒乡，有一个家喻户晓的名字：肉孜·阿不拉。他乘着改革开放30年来的春风，由多年前衣不蔽体、食不果腹的一个不起眼的贫困户变成了现在人人羡慕的富裕户。当有人问起他现在的日子怎么样时，他笑得眯起了眼睛，只说了一句话：是党的好政策，才让我过上了今天的好日子！

是啊！这句发自内心的肺腑之言，即是对肉孜·阿不拉脱贫致富经验的总结，同时也是新疆30年来改革开放的缩影。

肉孜·阿不拉在20世纪80年代以前与许多农牧民一样，初中毕业的他，由于家中兄弟姐妹多，无钱供他继续上学，他只好呆在家里帮父母劳动。也吃了很多苦，想了很多致富的点子，但始终没有摆脱困境。1998年，希吾勒乡党委鼓励农牧民利用扶贫部门下发的外资扶贫款，大胆从事家庭养殖业，肉孜·阿不拉似乎看到了希望，家庭贫困的他心想，与其这样要死不活下去，不如放开手脚搏一搏，说不定能拼出一个新局面来。于是，他自告奋勇第一个拿出家里所有的存款，又向亲朋好友东凑西借，加上外资扶贫款，筹集资金几千元，购买了10只生产母羊，开始了创业的艰难尝试。在随后的几年中，他的羊从当初的10只羊，发展到如今的羊170多只、牛10头，年内出栏数达600多头。年收入7万元，成了远近闻名的勤劳致富带头人。乡镇扶贫部门也经常与外地有关养殖部门联系，安排他到外地养殖场进行实地考察，学习科学的管理和先进的饲养和防疫技术，收到了很好的经济效益。到2005年，肉孜·阿不拉已经成为于田县希吾勒乡小有名气的养殖户。

肉孜·阿不拉深知“吃水不忘挖井人”这个道理，在自己养殖育肥致富的同时，经常骑着摩托车深入到各户，到现场对其他养殖户无偿指导，操作辅导。多次将养殖的管理、饲养、品种改良等知识，毫不保留地传授给其他养殖户，带动其他贫困户脱贫致富，也为以后全乡养殖业的稳定发展奠定了良好的基础。

在肉孜·阿不拉的带动下，到2006年底，在乡政府扶贫部门的大力支持下，全乡养殖业也开始红红火火的发展起来，并成为希吾勒乡一项特色产业之一。肉孜·阿不拉说：许多人称赞我是“能人”。但我心里清楚，如果没有党的好政策，我再有能耐，最终也只能是一个贫困的“放羊倌”。他说：“我是从贫困中走过来的，我了解仍在贫困中抗争的群众的心事和愿望。致富之后，看着周围还有许多群众没有脱贫，我心里沉甸甸的，作为一名靠党的富民政策发家的人，认为自己有责任和义务，帮助这些贫困职工尽快脱贫致富。”看到好多贫困户苦于无法筹够资金。他和家人商量后，把自家产的小羊羔以低价卖给他们。当时，有人说他犯傻，有人说他想出风头，也有好心的人善意地劝他：“你这样做傻事划得来吗?”但他就当没听到。为了提高他们的养殖技术，他一有空就到他们的家里，手把手地指导他们科学养殖的技术，每一个生产环节都不放松。苍天不负苦心人，经过努力，这些贫困户相继脱了贫，有的走上了致富路。看到他们摆脱了贫困，他打心眼里高兴。村民们也打心眼里佩服他，他想：大家之所以看重我，是因为我在困难时给了他们一点帮助。有了党的好政策还不行，如何让大家尽快富起来？他考虑了很长一段时间，最后向村党支部提出了一个大胆的设想：首先，带上集体一班人，挨家挨户做工作，给大家讲政策、做宣传、树信心，依托草地丰富的地缘优势和扶贫的优惠政策，鼓励贫困户发展庭院养殖业，走“一幢房、一块地、一群羊”的模式化经营之路。事实证明，他没有走错。到2007年底，全村有42户贫困户告别了危旧房喜迁砖混结构的新房，回首往事，他感慨万千，是党的富民政策指引我走上了致富的道路；是党的富民政策，给了我敢挑重担，带领群众脱贫致富奔小康的决心和勇气。

成绩只能属于过去。他说：今后，我要认真践行“三个代表”重要思想，始终保持共产党员的先进性，牢记党的全心全意为人民服务的宗旨，紧紧依靠、团结和带领全村广大党员和群众，让全村的群众都过上富裕的生活，把家乡建设的更加美好。

用手和肩开出的致富路

——广西巴马县实施中国西南扶贫世界银行贷款项目农村公路子项目侧记

刘一龙　广西巴马县世行办

在我国的绝大部分地区，修筑公路基本上是用机械来完成，而广西巴马县在实施中国西南扶贫世界银行贷款项目农村公路子项目中，村民们就靠一双勤劳的手和一付结实的肩膀，用钢钎、铁锤在崇山峻岭中开辟出一条条致富路。

截至 1995 年，巴马瑶族自治县 35 个西南扶贫世行贷款项目村中就有 15 个行政村不通公路，人们行路要走羊肠小道、翻山越岭，运货靠肩挑马驮，山民们早就渴望能有那么一天，公路能修通壮村瑶寨，车子能开到家门口。当项目计划安排建设 6 条通往优雅、那朝、加而、弄友、戈贤、那勤这 6 个村时，男女老少个个笑得合不拢嘴。然而，针对每公里只安排世行贷款 16 823元/公里、省区配套资金 33 816元/公里这尴尬局面，大家的脸很快就晴转阴了，在巴马这个岩石裸露面积占三分之一的喀斯特地区修路，这区区的 50 639元/公里的单价，连购买炸药雷管的费用都不够，哪里还有钱雇请工队和租用机械来实施呢？主要的工程量如挖填方、筑路基、砌挡墙、平路面、开水沟等等就只能由村民用锄头挖、钢钎撬、铁锤砸、泥箕搬、手工砌了。要不要这个指标？要不要实施这个项目？是知难而进、迎难而上，还是束手无策、望洋兴叹呢？摆在面前的这些难题，确实让大家左右不是、进退两难！经过激烈反复的思想斗争，勤劳朴实的壮汉瑶胞们没有怨言、没有放弃，他们以坚决的态度向世行项目官员、向社会承诺：男女老少齐上阵、誓叫山河听令！他们以顽强的毅力用原始的手工方式向恶劣的自然条件开战！

东山乡优雅村是一个典型的大石山区，全村27个自然屯226户人家分别坐落在45个山弄中，虽然项目设计的公路只从乡政府到村公所在地，没有安排修通任何一个自然村屯，但是，当村组干部把修路的任务分到户到人后，村民们还是乐意地卷起铺盖到工地上搭茅棚、开公路，他们一住就住上5、6个月，一干就干到公路完工。他们握钢钎、抡铁锤、抬石块、挑土方、砌石墙，男女老少干的全是重体力劳动，而他们每天吃的全是玉米粥、南瓜饭、青菜汤，甚至是红薯、芋头当餐，十天半月没有吃上一块肉，晚上收工后能有几颗黄豆送酒就满足了。84岁的红军失散人员罗卜小，从割草、砍树、搭棚到开山、炸石、铺路，都和年青人一起干，人瘦了几圈也没有请过假、误过工；原县长罗家元的母亲，因年老体弱无法上工，她就拿出200多元钱请人帮工来完成本家分得的施工路段。

弄友村是一个有着丰富的森林资源和旅游资源的山村，由于大山的阻隔，这里的生产生活和经济社会发展受到了严重的制约。然而，农村公路项目安排实施半年了，这个村还是开不了工，主要原因是劳力缺乏、人手不足，想筹集资金雇人帮建又没法做到。在最后关头，还是村党支部和村民委员会发挥了“战斗堡垒”和“主心骨”的作用。村干部们无数次地走村串户，通过动之以情、晓之以理的思想发动工作，村民们有力出力，有物捐物，公路占有的田地、林果、坟墓等不要补偿。在外打工或经商的人也纷纷返乡加入筑路大军，每到节假日和星期天，中小学生们几乎一个不漏地跟着大人出现在工地上，有的搬土方，有的抬石头，有的开水沟，好一派千军万马战沙场的景象。为了不误农时，他们主要选择在夏季和冬季投工；为了按时完工，他们起早贪黑、不分昼夜地干。村党支部书记叶乃门同志，身先士卒，以身作则，全身心地投入公路建设中，他整天到晚都忙于组织、指挥、协调和监理，每当遇到在悬崖峭壁上打炮眼、点石炮等高危险作业，都是瘦小身材的叶支书第一个用野藤编成绳子绑住腰部，从山崖上吊到半空中进行。支书自家分到的路段则由女儿一人负责去做，其爱人则为公路建设指挥部的同志做饭、送饭，他70多岁的老父亲每天晚上要到工地看守风钻机，全家人为公路建设献策献力。公路开通的那一天，当村民们第一次看见汽车开到村里时，大家都奔出家门到村部去摸车子、看热闹、庆胜利，当县项目办主任下车时，叶支书突然将一个“红包”递到项目办主任手中给领导“挂红”，主任婉言拒绝并感动地说：“父老乡亲们呀，你们辛苦了，应该感谢的是你们啊！”

是啊，一条条农村公路的修通，既是世界银行的一座座丰碑，也是项目区广大干部群众的心血和汗水的结晶！

黄土地上的“希望工程”

李红岩　山西省扶贫办外资项目管理中心

一提及“希望工程”，你一定会联想到招贴画中小女孩渴望求学的目光，联想到失学儿童重返课堂……但是，在山西省运城市和吕梁市，人们更多的是把世行贷款山西扶贫开发项目赞为黄土地上的“希望工程”。

这个“希望工程”让山西省运城市和吕梁市20个县329个乡镇5 771个村的555万人受益。项目于1995年投入建设，2003年全部建成，总投资16.9亿元人民币。其中：利用世行软贷款1亿美元，一共建成47个子项目，涉及水利水保、林业、畜牧、乡村公路、农副产品加工五大类。由于这个工程真真正正成为项目区农业生产的“希望工程”、农民脱贫致富的“希望工程”、村民走向市场的“希望工程”和美丽家园的“希望工程”，所以，当地村民给予了项目工程与“希望工程”齐名的评价。

将世行贷款山西扶贫开发项目誉为农业生产的“希望工程”，一点都不为过。这个工程建设浪店水源及灌区配套工程一处，项目内容包括浪店水源工程、尊村浮船泵站及灌区改造、小樊灌区改造三部分；建设滩涂开发工程16 481公顷；建设水产养殖工程199.8公顷，改造鱼池333.1公顷，建设鱼种场5.3公顷；建设人畜饮水工程386处；改造乡村公路11条318公里；建设机修梯田16 107公顷；完成骨干淤地坝和旧坝加固工程141处；建设以杨树、油松、落叶松为主的防护林1 677公顷；建设以红枣、核桃、花椒、板栗、苹果、仁用杏为主经济林73 914.4公顷，建设家庭苗圃250个，组培育苗中心一处；建设日光温室19 344栋；共发展农户养牛

21 358户、养殖奶牛1 000户、养鹿1 245户，改造乡镇兽医站148处；共发展各类妇女养殖户6 984户，种植大棚44个，建成“三八”养猪场一座，举办妇女技术培训74期、11 141人次；建设农副产品加工企业子项目工程19处。这些建设工程在现实农业生产中已经和正在发挥出巨大的经济效益、生态效益和社会效益，成为农业丰产的保证，成为农民的“米袋子”和“活银行”。项目建成的浪店水源及灌区配套工程显著地提高了运城项目区的农业灌溉能力，使4.7万公顷耕地的农作物产量和土地生产力得到大幅提高；机修梯田和滩涂开发工程的大面积建设，从根本上改善了项目区的农业生产条件，促进了土地资源的合理开发和充分利用，有效提高了劳动生产率和土地产出率；经济林、畜牧业及水产养殖项目的实施，实现了项目区农业生产结构的优化和调整；农副产品加工厂的建设和改造，使农副产品得到就地转化升值，用产业带动了当地农村经济发展；乡村公路改造和人畜吃水工程建设，改善了项目区的基础设施状况，提高了项目区农民群众的生产条件和生活质量，使项目区群众从封闭的地理环境和落后的生活状况中解脱出来，生产领域和社会交往环境明显拓宽，为他们建设高效农业创造了条件。妇女项目的实施，使项目区广大农村妇女从家庭走向社会，在农业生产和社会经济生活中发挥出了越来越重要的作用。

世行贷款山西扶贫开发项目是项目区农民脱贫致富的“希望工程”，这是当地百姓对项目建设的普遍评价。项目建设前，项目区是全国18个集中连片贫困地区之一，贫困人口占到总人口的近40%，20个项目县中有12个县是贫困县，其中吕梁项目区7个项目县全部是贫困县。人民群众在享受刘胡兰、贺昌等革命先烈推翻“三座大山”获得解放的同时，也感叹没有哪一位先哲能够遍洒甘露滋润大地，帮助他们摘掉头上贫困落后的帽子。项目建设谱写了扶贫攻坚的新篇章，使项目区农业生产和农民生活发生了翻天覆地的变化。现在，项目区的贫困面貌已彻底改变，农民群众的温饱问题已基本得到解决，人均纯收入以1995年不变价格计算，由项目实施前1995年的480元增加到项目完工年即2003年的1 217元。

农户抽样调查表明，项目区农民肉类、水果、蔬菜、蛋类等副食品的消费量正逐年大幅上升，项目实施前后农户住房面积增长105%，拖拉机、农用三轮车每百户拥有量分别增长339%、452%，每百户拥有彩电增长263%，摩托车已经进入越来越多的农户家庭。农户抽样调查还表明：项目区农民的文化水平和健康水平也得到了显著提高，高中文化水平人员由项目实施前的41.5%增长到2003年的66.7%，地方病如氟骨病、氟牙病、病毒性肝炎等的发生率下降了37.6%。致富奔小康已成为项目区农民群众在摆脱贫困后新阶段的奋斗目标。

项目区农民群众也很喜欢将世行贷款山西扶贫开发项目比喻为农民走市场的“希望工程”。项目实施前，当地农民大多土里刨食，靠天吃饭，广种薄收，自给自足，再加上自身文化水平低，能力素质差，不懂市场，更不知如何走市场，导致他们祖祖辈辈被禁锢在土地上。项目建设不仅建设了项目工程，还加大了对农民的培训力度；不仅培训农业实用技能，还教会农民走市场。根据项目调研和跟踪监测数据统计，项目的实施促进了项目区由单一封闭的自然经济向市场经济的转化，加快了项目区劳动力转移步伐，促进了当地农业产业结构调整，使项目区农民逐步融入到市场经济的洪流之中，市场意识和竞争能力得到锻炼和提高。特别是项目扶持的部分农副产品加工企业更是成为带动当地群众增加收入，实现农副产品加工增值的产业带动龙头，有些产品还打入国际市场，实现了出口创汇。以山楂加工为主的绛县维之王食品有限公司为例，近年来企业的五大系列产品都得到美国市场的质量认证，使小小山楂获得打入国际市场的通行证，并带地动当地种植业、养殖业和运输业的发展，社会效益非常明显。

其实，项目区官员们更倾心于将世行贷款山西扶贫开发项目赞为美丽家园的“希望工程”。由于项目建设遵循了山要青、水要绿、人要靓的原则，强化了集中连片、综合治理、立体开发，努力做到了宜渔则渔、宜牧则牧、宜农则农，所以，现在你走进项目区就会感受到别样风景：山顶松柏戴帽，山腰林果缠绕，一幅“百花迎春，绿叶护夏、硕果送秋、松柏伴冬”的绿色画卷在眼前绘就；坡地修建的机修梯田上一派丰收景象，沟坝地上淤地坝淤积了肥沃的土地，往日的荒滩已代之以丰收的粮田，昨日肩挑手提的取水方式已被入户到田的自来水所取代，丰水处建渔池，无路处建乡村公路，牛羊满圈，鸡、鹿成群，映入你眼帘的会是一片生机，一派丰收和张张笑脸……据项目跟踪监测统计，项目建设在改善项目区农业生产条件和基础设施状况的同时，通过营造防护林和经济林、建设机修梯田和淤地坝、开辟候鸟保护区等生态环境工程，使项目区的水土流失情况得到有效控制，森林覆盖率逐步增加，农业资源得到合理开发和综合利用，达到了涵养水源、调节气候、促进项目区农业生态环境改善的良性循环效果，有力地为项目区群众营造出良好的生产生活环境，从长远上保证了项目区农业生产的可持续发展和群众生活质量的逐步提高。特别是项目区还建立了灰鹤自然保护区，越冬灰鹤达数千只之多，天鹅也有数百只出现，且野生鸟类也有增加。

目前，世行贷款山西扶贫项目造就的黄土地上的“希望工程”正在项目区农民群众奔小康的道路上发挥出巨大的作用，给人民的生产和生活带来更大的希望。

腾飞之路

——世行项目平陆县东沿河公路写真

胡存亮　山西平陆县世行办

黄河从平陆县城边上静静绕过，过三门峡大坝后穿越该县东部山区向东奔腾而去。就在这大山深处，有一道亮丽的风景线——东沿河公路，它像一条巨蟒，盘旋在64公里长的黄河岸边。每次踏上这条路，听着滔滔的黄河水，看着一路上穿梭不息的车流，让人感受到的不仅仅是东沿河公路现有的风采与活力，而且会追忆起十多年前那种“万马战犹酣”的火热场景，感叹与豪迈油然而生。

行路难，山区人民期盼开出一条走出大山的公路。

平陆是一个典型的国家级贫困县，山地面积占总面积的70%，素有“平陆不平沟三千”之称。十年前，县级财政收入、工业总产值、人均收入等经济指标在全市的排名不是倒数第一就是倒数第二，全市只有19个乡镇不通油路，平陆就占了9个……贫困成了平陆的代名词。大学生不愿分配到平陆来，即使来了也千方百计地调走，外地人不愿在平陆投资，平陆人在本地挣了钱却拿到外地去投资……人才在流失，资金自然流失，形成一种恶性循环，使平陆这块土地越来越显得贫脊。

交通是制约平陆经济发展的严重障碍。尤其是东部山区的8个乡镇，蜿蜒在“穷山”与“恶水”之间，这里山连山，沟套沟，两岸层峦叠嶂，悬崖兀立，河中水流湍急，岩鼓山腾。一条羊肠似的小道悬挂在峭壁陡崖上，稍不留神，就会跌入急流之中。其实，这里的“穷山”并不穷，蕴藏着煤、铝、铁、金、石膏、大理石、石英石、铝矾土等十几种丰富的矿产资源，总储量达36亿吨，仅煤的储量就有10亿吨，是山西省六大煤田之一，铝矾土矿也是山西四大铝矿之一，总储量1.3亿吨。然而，由于交通条件不便，这些矿产得不到开发，有的开发了又运不出去。柏崖底煤矿和关窑煤矿的原煤由于积压时间太长曾引起自燃，造成巨大的经济损失。东部山区的群众守着金宝盆却没有饭吃。“穷”的不是山，是交通。“恶”的不是水，也是交通。由于没有路，这里不少孕产妇和病人，没能及时送出医治而丧生。历来群众盼望有一条好路，一条通往山外的路。

修路难，这条路修了12年。制约县东经济发展的“瓶颈”，牵动着历届县委、县政府领导的心。“要想富，先修路”。为了立足自身优势，发展县域经济，摘掉贫困这顶帽子，从1985年5月东沿河公路第一声开山炮响起，一场马拉松式的修路战终于拉开帷幕。一届届县委、县政府领导接过东沿河公路这根接力棒，以愚公移山的精神，不遗余力地修下去。

开山劈路谈何易？巧妇难为无米之炊，资金问题始终是工程建设的一个大困难。东沿河公路全长64公里，西起古虞镇寨头村，东至下坪乡下坪村，途经古虞、南村、三门、坡底、曹川、下坪等8个乡镇38个行政村，辐射区居民8万余人。这条路石方路段达20余公里，需横穿深沟8条，架设跨沟大、中、小型桥梁8座，涵洞285道，砌筑防护墙1 000余米，加固边沟313 800余米，416间房屋需拆迁，整个工程需投资4 000余万元。那些年，财政形势一直捉襟见肘，举步维艰，保“吃饭”尚有困难，挤出资金修路难上加难。

由于特殊的地理条件和自然环境，在工程建设过程中，经常遇到技术难题。例如东部山区的土质结构根本不同于县西的绵土，土质多达数十种，如黑炉土、红土、黏土、沙土、草土、红立土等都是工程石子油化难以结合的，铺装后很难形成整体粘合结构，有些地方平平坦坦，一夜之间高峰突起，使路面严重破坏，交通部门曾取样到省市技术部门化验，其结果令一些专家感到吃惊和束手无策。

东沿河公路有许多咽喉路段，其中最大的2个就是米汤沟和好汉坡。米汤沟地处县城以东18公里处，南隔黄河距三门峡水库大坝仅有1公里，是跨水连陆的生命线。这里地质环境异常复杂，场地窄小，大坝蓄水时，这条沟一年要在水中浸泡10个月，深水区离大坝只有500米，根本无法施工，而枯水期只有几十天时间。这里的土质又是“干了似石头，湿了如牛肉”。在此要筑路架桥，其难度可想而知。

“好汉坡”路段地处东沿河公路30公里处，长3.3公里，是东沿河公路最艰险的路段，这里山势陡峭，地质复杂，奇险异常，要有勇气和坚强的毅力才能攀缘而过，所以被称为“好汉坡”，俗称“鬼绝崖”。

资金问题、技术难题、咽喉路段这一个个拦路虎把整个东沿河公路拦截得支离破碎，致使这条路十多年一直未能全线贯通。

攻坚难，咬定青山不放松。

1995年3月，县委、县政府发出了“全党动员、全民参战、奋战二年、铺通全线”的号召，决定在地质复杂的米汤沟和山势险峻的好汉坡等路段打桩架桥，开山筑路，实现64公里全线贯通。这一场马拉松式的修路终于开始了最后的冲刺。

为了解决资金难题，县上采取了“挤、集、贷、要”等多渠道筹资办法，一是勒紧裤腰带搞建设，从本来十分拮据的县财政挤出资金240万元；二是发动群众搞捐款，全县干部群众先后捐资250万元，义务投工折款1 800万元；三是从银行借贷，先后争取世界银行贷款1 800万元，其他贷款、垫支、借款1 800万元；四是多方求援争取资金，先后争取上级拨款2 100万元，基本筹齐了工程建设所需资金，为工程顺利进展提供了保障。

承建米汤沟大桥工程的铁十七局，是按照世行项目要求通过公开招标、议标选取出的最好的施工单位，有着丰富的施工经验，然而面对复杂的地质环境，不得不摇头叹息。每个钻孔一天只打下去20公分，2个月过去了，一根桩基也打不成。工程指挥部及时聘请有关专家对米汤沟水下复杂地质多次进行勘察研究，最后把原来的普通钻头改为最先进的菠萝循环钻头进行施工，大大加强了水下工程进度。县上领导和一线人员又排除其他千难万险，计划三年的工期，结果用了一年时间硬是在黄河岸边建起了一座293.6米长的宏伟桥梁。

好汉坡工程从开始测量到施工均采用了悬空作业的办法，即将人用绳索腰，吊在百米高空的悬崖上进行操作，头顶山险峰危，脚下河翻浪涌，无立锥之地，飘忽不稳，险象迭生，难度极大。在此十分艰险的条件下，建设者用人工、铁锤、钢钎和炸药开凿出这段奇迹般的路面。正如时任副省长的杜五安和交通厅厅长刘俊谦看后所说：好汉坡工程，其艰难程度丝毫不亚于太旧路和锡崖沟。正是凭着这种敢打硬仗的气魄，一道道难题逐步化解，一个个咽喉路段逐一打通。

精神贵，众志成城谱壮歌。

东沿河公路牵动了各级领导的心。原省长王森浩、原副省长吴俊洲等都亲自到东沿河公路视察，并拨付资金200余万元。时任省委书记胡富国两次亲临平陆，视察工作，并为东沿河公路题写路名。原省长孙文盛也曾亲临东沿河公路指导工作，并题词“路通百业兴”。特别是原分管交通的杜五安副省长，在工程最艰难的时刻，解决燃眉资金730万元，给一度陷入困境的东沿河公路注入了强大活力。原地委书记黄有泉以及省、市交通部门的领导同志先后多次深入工地视察、慰问、捐资，并现场办公，排解难题。世行官员伏格乐、市世行办主任刘峰等多次亲临工程一线，雪中送炭，确保工程顺利进展。

为全面打好攻坚战，原县委书记徐信安果断采取“公路不动动干部”的强硬措施。原县长冯改朵30余次带病到东沿河公路一线办公，徒步行程300余公里。她面对问题不回避，遇到困难不低头，化解矛盾不过天，处理问题不过夜，为工程付出了大量的心血和汗水。

为了修好路、早脱贫，平陆人民在64公里长的战线上，同大自然展开了一场场生死拼搏。当开山炮响起之后，四面八方的群众潮水般地涌向工地。饿了，嚼几口自带的凉馍、凉红薯；渴了，就在石头坑里拨开冰渣掏一捧石缝里的泉水喝；累了，头下垫块石头，耳畔响着黄河的涛声进入梦乡。

曹川镇槐岭村58岁的姜桂兰，一个普普通通的农家妇女，在背运土石过程中因劳累过度，突发脑溢血，临终前给人们留下了“我的任务没完成，你们找车拉一下我掏钱”的遗言。前窑村支书蒋同才把卖猪的400元钱拿来购买炸药。还有那一辈子没有住过新房的农民，一边哭着，一边挥镐拆掉自己刚刚建起的新房……公路沿线的群众，做出了巨大的牺牲和奉献。10余年来，共有9位群众为东沿河公路献出了生命，10多人致残，他们用汗水鲜血和生命谱写了一曲曲荡气回肠的壮歌，树起了艰苦创业的东沿河精神。

增活力，古虞插上腾飞翅。

东沿河公路通车十年来，沿线的广大群众以此路为依托，农村产业结构发生了很大变化，形成东部优质烟草种植基地；矿产资源得到了充分开发和利用；沿线运输经营户明显增加；群众的生产条件和生活面貌得到了很大的改观。东部人民激动地说：“东沿河公路建设可谓是东部山区的第二次革命。第一次是赶走日本侵略者，使东部人民从政治上得到彻底解放；而东沿河公路的修通，是东部人民从经济上得到了彻底解放”。县直干部职工说：“过去出差，我们愿意到太原跑一次，也不愿到曹川跑一趟，如今我们已彻底解除了这个顾虑。”

东沿河公路的建设，是平陆道路建设史的一个壮举，是平陆全方位改革、全方位开放、全方位发展、全方位振兴的基础性工程，也是平陆人民愚公移山、改造河山、甩掉贫困帽子的成功实践。十年过去了，我们欣喜地看到这条路的辐射效应，她给东部山区的农民群众带来了加快发展、脱贫致富的良好机遇，改变了封闭落后、交通闭塞的状况；实现了开发山区资源，促进经济发展的美好愿望。同时对整个平陆经济社会发展而言，犹如安装了一个巨大的引擎和插上一双巨大的翅膀，快速向前，展翅高飞。

近年来，县委、县政府立足东部矿产资源优势，围绕“一五三”战略，大力实施“煤电铝”工业项目和重点工程建设，彻底扭转了经济徘徊不前的局面，多项经济指标和经济工作开始走在全市的前列。2006年全县国民生产总值11.6亿元，是1996年的4.8亿元的2.4倍；工业总产值16.2亿元，比1996年的7.9亿元翻了一番；财政收入11 293万元，比1996年的4 205万元纯增7 088万元。上缴税金超百万的利税大户由2个猛增到24个，工业企业上缴税金占到财政收入的80%以上。2005年和2006年财政收入增幅分别位居全市第一和第二。“路通百业兴”在古虞大地再次得到印证。在今后的发展中，东沿河公路所产生的拉动效应无疑会促使平陆更加富裕文明，其影响会更加深远。

为了修路啃干馍，心甘情愿；为了修路喝凉水，水凉心甜；为了修路住寒窑，窑寒心暖；为了修路洒热血，无私奉献。这种知难而进、团结拼搏的东沿河精神是平陆人民弥足珍贵的精神财富，她将进一步激励25万古虞儿女为平陆经济的全面腾飞而不懈奋斗。

心　语

刘　锋　山西运城市国际金融组织贷款管理局

《奔向小康》一书蕴蓄着运城世行人15年耕耘希望、收获梦想的长久默默对话，奔涌着世行人锲而不舍、励志奋斗岁月的激情，承载着项目实施的启示与丝丝情愫的集结。

我由此而感动着。

15个春天和秋天，5 400多个日出和日落，在时间和空间上只是短暂的一瞬间，但在一个人的生命旅程中又是那样的悠悠漫长。在流年似水的时序替换中，它占据了我有效工作时间的一半，既是我生命中的最佳时段，又是汗水和心血的集中展现，也成就了我矢志不渝追求完美的象征。如今头发白了，稀了，脸上的皱纹多了，沧桑的岁月留给了我太多的人生感慨。

鲁迅说过，地上本没有路，走得人多了，也便成了路。

这是一条风雨相随的多舛之路，世行贷款扶贫项目落户运城，伴随着世行人的铿锵足音一路走来。项目从无到有，从争取、实施到力推运城经济社会的大发展，沿着这条路，世行人一走就是15年。毫不讳言的讲，这是一次摸着石头过河的长途跋涉，是一局与壁垒森严的世界银行贷款规则的较量和对弈，是一场用智慧和气魄向贫困的宣战。世行人用稳健的步伐和豪迈的气概英姿飒爽地走了过来，用信仰和探索，用前瞻性和创新性开辟和铺就了运城人奔向小康的充满阳光之路。

合力源于动力，动力发微于信心，没有信心就会在困难面前退却。个体信心的集合，奠定了项目成功之基。

世行贷款项目程序规范，科学严谨，环环相扣。立项、准备、评估、谈判、实施、调整、后评价7个阶段是横亘在运城世行人面前的七道坎，坎坎维艰，困难重重。尽管如此，在四年的漫漫立项准备征战中，市政府给予了大力支持，协调市级29个职能部门通力合作与配合，无偿地提供了各类资料和数据，并进行效益分析和投资估算。在28本英汉对照的可研报告中，字里行间浸透着众多项目参与人的心血和汗水，饱含着对运城未来发展的激越情怀，寄托着对贫困地区老百姓的缕缕关爱之意。

这是一个必然趋同的过程，它彰显的是合力，凝聚的是集体智慧，浓缩的是坚定信心，折射的是敢于攀越的精神动力。

我经常想，当和谐成为自己的信念航标时，生命方能显得充实，当和谐成为自己思想的财富时，人生方能显出价值。和谐既是一种境界，又是人文关怀，只有在人文关怀中才能找到和谐的底蕴。

世行办是一个充满朝气和活力的特殊群体，是一个充满温馨和睦的大家庭。十多年来我在选人、用人、育人、荐人方面殚精竭虑，精心打造这支队伍，刻意塑造群体形象。

安居才能乐业，建家属院，解决了同志们的后顾之忧；用人之长，避人之短，使他们的才能烁烁其华；走出去考察学习，使他们增长了见识，拓展了视野；总结项目得失，创建新项目，使他们的知识得到验证和升华；向外举荐交流人才，减轻了单位负担，消化了矛盾，支持鼓励他们服务于社会，创新发展，奉献知识，施展才华，放飞理想，实现自身价值。多年来的历练，世行办涌现出一批优秀人才，有熟悉掌握世界银行贷款项目规则和政策的专家，有与国外专家谈判的高手，有外语翻译的英才，有娴熟计算机的能手，有项目实施监管的行家，有在新领域开辟一片新天地的楷模。现在的世行办，党员占到总人数60%，中级技术职称79%，大专以上文化程度达90%，可以说人才济济，精英荟萃，人人心顺气畅，个个活力四射。我感到，只要以人为本，以人才为本，以人性化管理为本，把人培养成人才，重视人性尊重人格，才能给人的全面发展提供一个时空条件和平台，就会激发人的巨大能量，就能产生亲和力、向心力、凝聚力和团队精神，就会把和谐的脉络织成和谐的体系，就能把世行的伟业写在大地上，写在历史的丰碑上。

干廉洁工程，带廉洁队伍，是项目扶贫宗旨的应有之义。为此我常把世行和国家的政策法规比作“高压线”，把项目户和项目人的期盼与监督比作“地雷阵”。不能因为建一处工程，触动了上下警戒线而毁掉一批人。

世行扶贫贷款是贫困地区老百姓的救命钱，是政府的民生工程，项目招标涉及40余个工程，投资4亿多元。在工程招投标期间，曾抵制过人为招标方式，曾罢过招标会，曾力拒过投标方的许诺，曾降过计算机采购的标价，由此而警示和保护了一批干部。我总认为，为民做事心必正方可成事。勤俭办事，节约每一分钱，为政府分忧，为老百姓解愁，既是一种境界，又是一种平凡而高尚的生活。只有保持清廉，才能经得起考验，耐得住清苦，守得住防线，挺得直腰杆，说得起硬话，对得起人民。世行贷款扶贫项目资金的阳光运作过程，使我享受到了守望清廉的幸福感，体会到了为党和人民而工作的那份光荣感。

人生是在不断奋斗和抗争中前进的，而奋斗和抗争的支撑力是精神。

十多年来，历经的风雨坎坷，走过的峥嵘岁月，责任心、使命感一直是我最大的精神支柱，勇气和信心，锲而不舍的矢志追求是我精神支柱的动力，支撑着我，激励着我。

作为世行办的领导，项目扶贫的负责人，我感到：上级交给我的是一项使命，一份责任，使命光荣，责任重大。要用心去做事，要有进击性，要用自己的精神去感染人、带领人。正如一个军队的元帅，没有一股犟劲、韧劲，一种精神，就失掉了人心，军心不稳，人心涣散，元帅就没有感召力，当然军队也就没有凝聚力和战斗力。有人问我，刘峰，这些年来，你得到了什么？我不假思索地说：我不仅得到了人心，我还喝上了百姓家里情深意长的甜水，吃到了大棚里的水灵鲜嫩的四季蔬菜，尝到了酸枣接大枣的丝丝美味，享受到了为百姓办点事的那份宽慰。

时序更迭，人事变迁。15 年来，世行专家团成员、部、省、厅、市以至县政府及县级世行办，我的直接领导、分管领导、下属部门的领导和同志，退休的、转岗的、晋级的，换了一茬又一茬，唯剩我一人仍在岗。15 年来，尽管再苦再累，且也回味无穷，时常留恋在一起工作过的同事，回忆走过的那段艰辛历程，有时也会激动地落泪。珍惜项目、珍惜事业、珍惜友谊的暖暖情意时常在心里涌动。

正是缘于对事业的执著，始终伴随着项目的进展脉动。立项争取的漫长艰辛、谈判评估的焦灼等待、工程招标的严密有序、项目实施的成败得失、资金管理的有效规范……都时时牵动着我的心，化做了我的心路历程，架起了我与项目区百姓的一座“连心桥”。

正是本着对事业的责任感，才有了这 15 年风雨兼程而不离不弃。15 年里，有工作矛盾的困扰，有价值取向的拷问，有极度疲劳的倦意，有父亲去世带来的伤痛，有疾病折磨的烦闷，有适时中断的念头……然而领导的信任和支持，农民朋友流露出的喜悦，事业的高度责任感，使我的生命始终激扬着热情，无怨无悔地坚持了下来，负重前行。

正是有了事业第一、项目第一、奉献第一的理想和信念，才有这 15 年尽心尽力的倾情投入，引领世行员工这支队伍在风雨中摸爬滚打。把脚印留在了一个个农家小院，把扶贫的希望播撒在了沟沟坎坎，把荒凉的黄河滩涂织成了五彩锦缎，把鳞次栉比的座座大棚变成了老百姓的“绿色银行”……

生命之树常青，扶贫伟业永驻。

华山屯幸福路

农彩色　广西靖西县世行办

当你乘着由靖西县城开往那坡县方向的车。到达二级公路48公里处时，将有一道亮丽的风景线吸引着您，一座并排着两行栏杆的桥，横跨在青山与绿地间。桥的一边有棵榕树，一条平整的水泥路面直伸向村里，那便是靖西县社区主导型发展试点项目的一个项目点——安德镇三西村华山屯。这里所说的桥与水泥路就是完工后的第一轮小型基础设施和公共服务项目——华山屯级公路建设项目。

你想听这个项目实施过程吗？你想知道其过程的有过辛酸的历史或是感人的事迹吗？请随我“走”进村里，或许你会有不少感慨。

华山屯位于安德镇东南部，距镇政府所在地约6公里。村里共53户人家，313人口。全屯共有耕面积252亩，其中水田60亩。2005年底村民的年人均收入810元，主要的经济来源靠养殖及种桑、姜、果，外出务工等。由于该屯地处偏僻的大石山区，群众的生产、生活条件十分艰苦，虽然经过前几年开展的边境建设大会战后，该屯也通了电和广播电视，但由于种种原因该屯的交通困难问题和饮水困难一直没有得到根本解决，尤其是行路难问题更显为突出。由二级路到村里虽只有1公里多。而靠近二级路就有近两百米的低洼路，每年雨季来临，那路段便被大水冲垮淹没。最多时水要没过路面深达3米无法行人。行路难的问题给村民的生产、生活带来了很多的不便，特别是2001年后，我们县实施“一村一校”管理模式后，该屯的所有小孩都要绕过一座大山，多走了半小时的路程，严重影响了小孩的学习。因此，修公路桥，铺设水泥路面是村民的第一需要。2006年6月初，以村民“自我组织”为基础，“自我管理”为核心，“自我发展”为最终目的社区主导型项目在这里开展，村民的愿望得到实现，修成了华山屯的幸福路。

起初，许多村民对这个项目的项目理念及操作方法产生怀疑。都说从来没有听说过扶贫项目直接把钱拨到群众手中，还让村民有自主决策的权力。为此，项目办及协助员做了不少工作，将项目理念、目标及操作方法多次跟村民解释。通过社区大会，利用参与式的方法，让村民分析村里存在的问题及困难，提出解决对策。然后将项目列成清单，让村民根据自己意愿进行投票打分、排序。华山屯第一轮小型基础设施项目共评选产生四个项目，即：修建屯级路、蓄水池、修水利、修卫生室。以村民投票打分结果将排序为一、二名的公路项目和水利参加行政村竞选。在协助员和县项目办的监督下，以公平、公开、公正、透明的原则进行打分。结果以公路建设项目中选，申请资金为4.5万元。建设的内容：将从二级公路进来的桥高，从1.40米处填高1.5米。桥面两边设水泥栏杆及扶手，路边用水泥浆砌石，路面铺4米宽水泥，水泥路面长300米。

经技术部门审核后，村民们召开了第二次大会，具体讨论了项目的实施方案，项目财务管理制度。村民讨论：项目采取以全体村民投工投劳为主，不能投劳的农户可以请人代劳或以资代劳，以资者以每天20元算；涉及技术工种的，如做围栏、扶手，就请屯里的能工巧匠做，给他们一点微薄的报酬（每天20元左右，包工）。

由于村民第一次做主实施项目，没有任何经验借鉴，他们在项目预算并不是很准确，加上物价不断上涨。当他们完成工程量的40%时，问题出现了，实施小组发现按原项目建议书建设内容建设的话，项目资金不足。怎么办呢？让村民集资的话是不可能了，因为他们已集资过每户25元。以当地的财力看，再集资肯定遇到不少困难。在协助员与实施小组成员多次商讨后，得出这样一个方案：向华山籍外出打工或工作人员发动募捐，当时用实施小组成员的话说就是：扶贫办与世界银行都可以出资给我们修路，我们作为项目的受益者，怎不能团结起来，出一份力量将自己的家园建设得更好呢？于是，他们以实施小组的名誉向华山籍名界人士发出倡议书。倡议书发出不到一个月，引起了极大反响。外出打工人员，外出工作人员，也有已远嫁他乡的女子，他们纷纷伸出援助之手和本着建设自己家乡的崇高情怀，你 100 我 50 元的将款额汇给实施小组。不到两个月时间，实施小组成员收到的捐款达 5 000多元。有了这些款项，他们不仅顺利完成了原计划建设工程。还多修了比原计划长 30 多米的水泥路面。

通过项目的实施，使得村民对扶贫项目的观念发生了很大变化。他们认为，做项目是为他们本身，他们是项目的主人，他们有权力也有义务将项目做到最好。

在实施过程中，实施小组及监督小组在采购、监督财务管理和档案记录等能力得到提高。他们做到凡事要经村民讨论，凡是开支必向村民公开。通过项目实施，使村民对管理人员改变了看法，实施小组成员成了村干部的好助手。有他们去发动群众，去努力为村民办事，用村支书的话说："现在，村民的思想工作好做多了。"

群众对项目的评价主要有 3 点：第一是群众可以决策项目，项目体现了公平、公正、民主；第二是解决社区最困难的问题，资金全部到位，保证项目的质量；第三是项目可在运行的过程中社区群众的能力，并且使群众团结起来，共同面对和解决困难。

CDD 项目按计划设计只有 2 年的时间，项目结束后，如何使项目理念正常地持续下去。这是我们为什么要实施这个试点项目的一个重要目的之一。从已竣工的华山屯屯级路项目的后续管理来看，社区的实施小组成员自发的对项目进行了维护。群众平常放牧时，畜牧在路上到处排放垃圾，实施小组组织群众把社区分成几组的形式定期对路面清理打扫。

从这小小的细节来，CDD 项目在中国农村的扶贫发展是有重要的推动作用和可行性。我们看到了社区主导型扶贫方式的希望，无论是投资者还受益者，都各得其所，达到了"双赢"。

拓开光明路

潘彦羽　广西靖西县世行办

从县城沿靖那二级路驱车50余公里到达安德镇，又经过近一个小时颠簸到达西兰村部，下车后顺着一条羊肠小道艰难行走8里地就到达坐落在海拔1 350米桂西南冬天少有下雪的地方——靖西的弄蓬鸡屯。

这是以往人们对弄蓬鸡屯印象的思维定势，然后随着社区主导型发展试点项目的实施，弄蓬鸡屯不通路的历史将一去不复返。

为什么弄蓬鸡屯的祖辈选择在穷山恶水之地偏隅一方呢？据后来访谈得知，弄蓬鸡屯的祖辈为逃避战祸和劳役，在兵荒马乱年代就迁徙到这里，距今已有十多代人了。

弄蓬鸡屯现有常住居民11户人家，共47人，其中常年在外打工20人，全屯主要经济收入以劳务输出收入为主，农畜业收入次之。全屯有山林面积500多亩，耕地面积45亩，人均耕地面积0.96亩，2007年农民人均纯收入1 159元。

弄蓬鸡屯具有典型的喀斯特地质地貌，四面由石灰岩溶峰与砂页岩岗丘土岭环抱，土层浅薄贫瘠；方圆10多里没有地表河，地下水埋藏较深，人畜饮水主要依靠自家修建水池集雨水解决，根本达不到安全饮用水标准，如遇到大旱年份，不得不到2里外一个有300多个台阶的深潭挑水，人畜饮水十分困难，在弄蓬鸡屯流传着这样的民谣：

每日鸡叫三更起，
匆匆上路走得急。

要问早起急何事？
挑一担水走半日。
汗流浃背有谁知，
饮水受罪到何时？

然而，比人畜饮水更困难的是未通公路。随着改革开放，农村推行家庭联产承包制，弄蓬鸡屯群众通过发展当地农村经济和走出大山务工挣钱，经济社会得到前所未有的发展，他们手头上开始有了一点积蓄，想建一些水泥钢筋混凝土楼房，但是，由于不通公路，弄蓬鸡屯采购的水泥，先是雇车从镇所在地拉到村部，平均每包运费 2 元，再雇人挑马驮拉到本屯，每包运费 5 元，因此，弄蓬鸡屯每采购一包水泥要比镇政府所在地安德街贵 7 元。羊肠小道路不好走，钢筋还得先压弯曲才能拉进去，到村后再用大锤把它镐直。村里的人谁得了大病，需靠人背到村部，再雇车到安德镇去治疗，这是对生命的更大考验。

未通电，村民感叹仍生活在黑暗之中。由于没有电，村民们更不可能看到电视了，国家支农惠农政策他们无法从电视上看到，国家日新月异的变化和世界局势发展趋势他们一无所知。

基础设施的严重滞后，严重制约了弄蓬鸡屯经济社会的发展，并形成了恶性循环。这就是弄蓬鸡屯在实施社区主导型发展试点项目前的状况。

我第一次到弄蓬鸡屯，那是 2006 年 6 月上旬的一天，我作为社区主导型发展试点项目信息宣传组成员被安排到弄蓬鸡屯召开群众动员大会。那一天，最先来接待我们的是屯长——一位脸上写满了沧桑的 60 多岁的梁老大爷。深山老寨平时也少有人来，偶尔有生人去到那里，你不必担心饿肚子，深山里的人十分纯朴，管你一两餐饭没问题，何况梁老大爷知道我们是扶贫团队，更是热情拉着我们的手到他家坐，然而在老大爷热情的接待中却让我感觉到老人家身上有着一种隐隐不安的情绪，我不知道其中的玄机，陪同的村干悄悄告诉我，老大爷的儿媳妇实在受不了这份清苦，十多天前带着孩子私奔了，这给老大爷一家打击无疑是沉重的。

那天的会议来了20多个人，除了外出打工和念书，全屯大大小小的人全都来了，会议在夹杂着老人哮喘声和小孩哭叫声中完成。在我记忆中挥之不去的是老乡们的眼神，那些掺杂着期待、麻木、无助的眼神。毕竟这个贫困程度极深的弄蓬鸡屯，需要解决和救助的问题和困难太多太多，而他们建屯以来获得外界最大的一次扶贫救助行动是政府给他们每户20包水泥做沼气项目，除此之外因为恶劣的自然环境，让机遇一次次与这个村寨擦肩而过，他们期待这一次的社区主导型发展项目能圆十几代人的梦，同时也害怕这样的梦会像以往一样如肥皂泡沫般破灭。

终于盼到第一轮项目评选，评选结果下来了，弄蓬鸡屯报上来的屯级公路建设和输变电安装工程项目都落选了，看到其他屯欢欢喜喜得到项目，而自己屯参评项目是“竹篮打水一场空”，代表弄蓬鸡屯来参加项目评选的那两个人不禁悲从中来，当场大哭了。

第一轮项目评选不上的原因：一是西兰村是有名的贫困村，各个屯都有自己很多迫切的困难需要解决，竞争很激烈；二是弄蓬鸡屯报的项目投资额较大，变相挤占了其他屯的指标，别的屯不愿投它的票；三是试点项目评选办法首次实践运用，仍有许多不完善的地方，尤其是对贫困程度深、最急需解决的项目倾斜力度不够。同时，项目在整体推进中忽略了对村民进行团结互助、文明和谐教育，忽略了提高村民思想素质的培养这样一个重要环节，最终导致弄蓬鸡屯项目落选。

社区主导型发展试点项目共设有小型基础设施与公共服务项目、社区发展基金和环境改善与自然资源管理3个子项目。每个村项目资金为73.856万元，其中基础设施项目每村61.056万元，共分3轮实施，每轮资金约20万元；社区发展基金项目每村8万元，分两轮实施，每轮资金4万元；环境改善项目每村4.8万元，分两轮实施，每轮资金2.4万元。先由各屯召开群众大会，各屯根据本屯实际情况，以民主投票的方式得出本屯优先解决的项目排序清单，再拿排最前两位项目到行政村参加评选，评选是在公平、公开、公正的原则下进行，胜选项目即可列为可实施项目。

随着时间的推移，第二轮项目清单开发和项目评选又到来了。根据第一轮项目评选存在的问题，县项目办总结经验，相应作出了工作调整：一是赋权。以自下而上的办法，先将项目评选办法交给社区群众进行充分讨论，再由县项目办综合平衡。同时还将工作重点放在公平、公正、公开的和谐氛围下解决项目建设问题，为那些贫困程度更深、更急需外界帮助的社区提供更多的机会；二是围绕以提高村民道德思想素质和项目各个阶段工作特点进行全面培训，树立社会主义农村新风尚，全面提升社区社会精神面貌。

在项目协助员的帮助下，弄蓬鸡屯第二轮项目清单开发出来了，排在前三位还是同前一轮一样，即：屯级公路建设、输变电安装工程项目和人畜饮水项目，申请项目资金分别是4万元、10万元和5万元。他们通过开会讨论认为，如果两个项目同时参加评选（每轮每屯最多允许两个项目参评），弄蓬鸡屯就占了14万元，别的屯可能不会同时给你投两个项目的票，就算所有的屯都投弄蓬鸡屯一票，也会把票分散到两个项目，不利于评选结果，最终会重蹈覆辙。于是他们决定集中力量打歼灭战，先报屯级公路建设项目，因为不通路是弄蓬鸡屯贫困的最大症结，“要致富，先修路”，修通一条通往山外的公路，是弄蓬鸡屯群众最关心、最热切盼望的大事，其他项目可以等到第三轮再报。结果弄蓬鸡屯如愿以偿地在第二轮项目评选中获得了屯级公路建设项目。

然而，弄蓬鸡屯迈出的这一步，只是他们漫漫征程的第一步。他们遇到的问题和困难接踵而至，首先是资金问题，根据专业技术人员实地勘测设计，全长2.5公里的弄蓬鸡屯级公路（马浪叉路——弄蓬鸡）仅工程材料概算为6万元，而项目所得资金只有4万元，相差2万元；其次是劳力问题，弄蓬鸡屯屯小人少，大部分青壮年迫于生计已走出大山到外地打工，留守社区基本上是老少妇孺，缺少劳动力；再次是该路段大部分是石山区，需要大量爆破，而社会上拥有爆破资质的专业人员较缺，影响工程进度。

对于弄蓬鸡屯，再大的艰难困苦他们都受过，为了摆脱原始生活，解决通路、通电、通水，造福子孙后代，他们是可以豁出去的！

资金不足，就要千方百计自筹。弄蓬鸡屯地处偏僻，自然环境恶劣，农业基础十分薄弱，农民经济收入来源渠道少、增收困难，加上不通路，农林牧产品销售困难，销售相对成本高，以生猪价格为例，跟乡镇所在地安德街相比每公斤少0.5元以上，但即使如此，他们还是勒紧裤带自筹到7 000多元，并在项目资金还未到位情况下提前开工了。同时，为了解决自筹资金不足问题，他们只能加大投工投劳的力度和强度，如一些原本设计需要爆破的，只要有可能，就人工撬或锤打，就这样他们以坚韧不拔的顽强拼搏精神，克服了种种困难，千方百计降低工程采购成本，解决了自筹资金不足问题。

遇到劳力不足，他们尽量动员在外打工的村民回村修路，实在不能回来的就以资金支持。大有“地不分南北，人不分老幼”全民参与修路之势，工地上处处看到上阵的“妇女兵”，丈夫外出打工挣钱，妇女顶上，几百公斤重石头扳不动，几个姐妹一起撬，又一起合力砌挡土墙。2008年1月15日正值第三次项目检查团到靖西县进行项目检查，那天天下着蒙蒙细雨，村民还是照例上工，当检查团亲眼目睹了其中一位妇女背着孩子冒着寒风细雨劳动这一感人场面时，国务院扶贫办外资项目管理中心副主任夏更生含着热泪十分感慨动情地说：这是中国社区主导型发展试点项目所塑造的当代愚婆精神！

今年年初，我国南方遭受百年不遇的冰雪灾害，弄蓬鸡屯地处高寒山区，是靖西县受灾最严重的村屯之一。但是，寒冷挡不住她们拚搏和抗争的勇气和精神，汗水一次次湿透了她们厚厚的冬衣，手上的茧磨穿了一层又一层，寒风吹裂了她们的脸庞，他们依然奋战在修路的工地上。由于劳力紧缺，为了加快工程进度，他们利用春节期间村民外出打工返乡探亲之际，大年初一还是全屯倾巢出动……

朋友，大年初一，当你合家团圆，围坐在宽敞温和的家中边欣赏丰富电视节目边享用美味佳肴的时候；当你携带家人开着豪华的私家车游览名胜，尽情领略大自然优美风光的时候……你想过吗，在那偏僻的穷山沟有一群同胞为了摆脱贫困正冒着寒风雪雨开山辟路，晚上他们拖着疲倦的身体，在昏暗的油灯下喝着地道的土酒或逗着孩子玩或打开收音机最大音量……

有时我们常常把他们视为被边缘化了的社会弱势群体，的确，他们所处的自然环境恶劣，基本生活还没有得到根本保障，全社会需要更多关注这些群体的民生。但是，他们也是生活的强者，每当我去检查工地时都为这样的形影所感动：远远看去他们身躯单薄，衣着不整，队伍不齐，在那里默默挖拓，显得有些微不足道。但是走近工地一看，原本乱石穿空，悬崖峭壁被这些看似单薄的身躯拓开出一条平整的路来，我真的为这些单薄的血肉之躯所蕴藏着潜在的力量所震撼，为弄蓬鸡屯群众那种坚韧不拔、以命运抗争、以自然抗争的精神所感动。

2008 年，对于弄蓬鸡屯来说应该是最值得纪念的一年。因为在这一年通过实施社区主导型发展试点项目而喜报频传，首先是路要通了，打掉了制约弄蓬鸡屯经济社会发展的最大拦路虎；其次是第三轮基础设施项目评选又通过了弄蓬鸡屯的输变电安装工程项目，获得项目资金 10 万元，目前，镇供电部门专业人员已进行实地勘测设计，完成了项目前期准备工作，计划元旦通电，春节期间弄蓬鸡屯群众也可以看上丰富多彩春节文娱晚会和节目，欢欢喜喜过大年；再次是弄蓬鸡屯获得实施社区发展基金项目，项目资金 1.5 万元，以及环境改善项目两轮均胜选的荒山绿化暨经济林开发项目，每轮 0.6 万元共 1.2 万元。他们计划利用荒山绿化暨经济林开发项目资金为基础，开发一片橘子经济林生产基地，既绿化了荒山，又获得经济收入，一举两得，并实行股份制管理，如果部分村民资金短缺，可利用发展基金申请所得资金入股。现在所有村民除了参与股份制橘子经济林生产基地，还计划利用社区发展基金大力发展种桑养蚕等高效农业，提高农业增收能力和水平，为弄蓬鸡屯农村经济注入了强劲的活力。

今天的弄蓬鸡人从来没有如此的扬眉吐气，一个社区主导型发展试点项目的实施，将会圆十几代人的梦，将会彻底改变弄蓬鸡屯一穷二白的贫困落后面貌，他们感谢政府、感谢世行、感谢全社会给予的帮助，他们决心在社会各界的大力支持下，用他们勤劳的双手，沿着已拓开的光明路，不断地创造更加美好的新生活。

石山再高　也能闯出条路来

——太平茶密村女青年李美针实施世行劳务输出小记

韦海亮　广西平果县世行办

外出务工，是在市场经济活动中劳力资源重新合理配置的结果，是当前我国广大农村富余劳力就业的主要途径，是增强农民收入，提高农村人民生活的重要手段，也是一些农村青年重新体现自身价值，为社会、为家庭创造财富，开创幸福生活之路的转折点，李美针，就是这些千千万万外出务工的农村青年中的一员。

李美针，女，1977 年出生，初中文化，家中五口人，劳动力三人，家住平果县太平镇茶密村，是一个九分石头一分土，乌鸦飞过不思歇的贫困石山区，人均有耕地不足 0.4 亩，而且全是只能种玉米的旱地，1995 年前人均有粮不足 160 公斤，有钱不到 350 元，而李美针家，更是穷中之穷：父亲长年患病，三姐弟在校读书，全家生活全靠母亲一个人用孱弱的肩头挑着。

1994 年，李美针初中毕业，回到了自己的家乡，增加了一个劳动力，对李美针当时的家境，应该说是一件喜事。但是，面对家徒四壁的家、面对长在石头缝里的稀稀疏疏的玉米苗，历来勤于思考的李美针心中翻腾开了：守着这些石头，我这个女孩子又能改变些什么？听人说到广东沿海打工能挣钱，可是谁知道哪里好？哪个工厂需要人？正当李美针心里充满了困惑和迷惶之时，中国西南扶贫世界银行贷款项目开始实施了，县及乡、村的世行项目工作机构纷纷建立并很快开展了正常的工作，李美针作为项目村第二批输送的外出打工人员于 1996 年 3 月由县世行人力资源开发公司送到了广州市全新针织厂务工。从此，新的生活之路在李美针及家人眼前拓宽了。

从1996年6月开始，随着李美针掌握技能的不断提高，月工资收入也不断提高，前后由月工资350元左右提到月工资780元左右，个人生活改变了，也有了一定的积累，从一个伸手向父母要零花钱的社会青年到开始能资助家庭的外出务工者。1996年，李美针先后汇给家里现金3 000多元，医好了父亲的病，给家里买了2头猪和20多只鸡饲养，大大增加了家里经济收入的能力，家庭生活也随着变化着的李美针变化了。

1997年病愈的父亲和母亲在李美针经济的扶持下，扩大了家庭的养殖能力，手头开始有了积蓄，萌发了盖新房的念头，李美针在广州听到这个消息后，马上从自己省吃俭用的积累中汇回5 000多元，坚决支持家中的建设。如今，漂亮坚固的钢筋水泥结构楼房耸立在村头，路过的人群，常听到李美针父母爽朗的笑声，见到他们照料家禽家畜那忙碌的身影。

李美针家庭生活的改变触动了很多思想保守的茶密人，也使千百个想外出务工的茶密人对世行劳务输出项目充满了信心。从1995年到1998年，通过世行劳务机构输送出去务工的茶密人就有300多人，占外出务工人员的72%。昔日贫穷无出路的茶密人，已经找出了生活的信条，林立高耸的大厦更增强他们外出务工的信心。茶密村副主任、村世行劳务站站长李建强的一席话，可说是代表了所有茶密人的心声：我们有信心通过世行劳务输出这条路子，解决全村200多户像李美针家这样的困难户的温饱。石山再高，我们也要创出一条通往外界的脱贫致富之路。

郭清英的一天

陈兆和　曾智斌　云南楚雄州南华县扶贫办

2005 年夏天的早晨，南华县中英合作云南环境发展与扶贫项目（YEDP）示范点——楚雄州南华县天申堂乡（今沙桥镇）松树地村的空气格外清新，布谷鸟“布—谷”声打破了社区的宁静，虽然田野里挖马铃薯的村民还不多，但是，近日来，村民收获马铃薯和田间地头收售早马铃薯的喧闹景象还在松树地村上空反复地回荡。

这一天，郭清英起得很早，天一亮就唤醒了正在熟睡的丈夫，简单的洗漱后，就匆忙抬起锄头，拿着口袋，直奔昨天还没有挖完的早马铃薯地，准备把剩下的半亩早马铃薯全挖了，把马铃薯卖给前天签下订单的马铃薯收购老板。

原来郭清英是松树地大荒田村民小组的一户农户，去年中英合作项目实施过程中，全村召开村民大会，对全村的贫富情况进行分析讨论，作了贫困排序，评出了“贫困户、一般户、中等户和上等户”四个等次后，在全村公示，郭清英家虽然也很贫困，但在村里不算是最贫困的，被评为了中等户。郭清英家全家共 4 口人，两个孩子还在读书，家里就她和丈夫两个劳动力，全家的经济收入主要依靠 1.5 亩田来维持生活，往年这块田多数是种烤烟，有时也种马铃薯，但收入从来没有超过 2 000 元，日子过得紧巴巴的。前年，项目设计时，她和村里的妇女提出“马铃薯品种改良及种植技术培训活动”的需求，得到了项目的支持。中英项目实施之初，社区通过村民的推选，产生了由 17 名成员组成的农业管理委员会，农管会的职能主要是帮助社区群众发展农业生产，为农户提供农业技术、信息等服务。马铃薯品种改良项目活动刚启动，农管会就积极深入到各个村民小组，入户调查、征求马铃薯品种改良的意见，结果大多数村民建议引进马铃薯“会—2号”品种。此后，农管会派人到会泽农技推广中心进行实地考察，认为马铃薯“会—2号”品种是最适合在松树地村种植的优良品种，便与村民们进行反馈，并达成了共识，随后，农管会又派人与会泽农技推广中心商议，签订了购种合同。2004年11月初，会泽农技推广中心按合同要求，给社区供应了100吨马铃薯品种，经农管会检验合格后接收，并按摸底调查情况，分发给农户，紧接着项目办和农业局技术员对全村的劳动力进行种植和管理技术培训后，指导农户进行种植。郭清英家领到了项目资助的马铃薯种共450公斤，其中375公斤，种在了1.5亩田里，余下的75公斤种在山地里贮种，准备明年再种，马铃薯种下后，全家静静地守候着希望。

“真想不到呀！我们也能选良种，今年的马铃薯这么好、这么大，从来没有过，看来种马铃薯可比种烤烟收入高的多呀！明年，我家要把山地里的种子挖出来，种在所有的田地里，定会收到更多的马铃薯，到时，可别忘了来收购呀！”她高兴地对前来收购马铃薯的老板说。前天她家挖了1亩的马铃薯地，收获早马铃薯2 950公斤，并且个大、品质好，好几个收购马铃薯的老板争着购买，最后以每公斤0.7元的单价成交，1亩马铃薯就卖得了2 065元，而往年1.5亩田，不论是种烤烟，还是种马铃薯最高收入只有1 900多元。再者，去年，项目支持社区成立了农管会，对我们发展农业生产的作用可大着呢，今年的马铃薯还没有成熟，农管会就到处找老板，为我们联系销售马铃薯，马铃薯刚成熟，社区就引来了好多的收购老板，在田间地头就被老板订购了，正是有了农管会的帮助，我们的早马铃薯才不愁销，才有这么好的收益啊！我们能不高兴吗？

令她高兴的事不止这一件，还有她们在项目设计中提出来的好几个需求，都得到了项目的支持，实现了愿望。郭清英家还得到了项目资助的1头种母猪、1头种母牛，前久，母猪下了一窝共7个仔，上个月就被邻村农户以700元的价格抢购完了。在农业赠款活动中，她家和村里的2户邻居自愿选择了农业机械，在项目的资助下，3家人联合购买了3台粉碎机，1台柴油机，1台汽油机和水泵，今年这些农业机械派上了用场，早马铃薯丰收它们可是立了大功呀……在妇女培训中，郭清英激动地说："有了这个项目的帮助，我一定要养好母猪和母牛，增加经济收入，富裕不会离我们太远了。"

项目的成功实施，村民受到了启示，深深感受到了参与、自主决策、社区组织和科学种田的重要性，她们期望，中英合作项目实施结束后，建立的农管会能充分发挥作用，给她们更多的参与、决策和信息，以早日实现脱贫致富奔小康的目标。

互助社给了俺一家新生活

孙长安　河南叶县扶贫办

这是一个真实的故事。故事的背景是国务院扶贫办、财政部在河南省叶县和四川省旺苍县实施的“世行第五期技术援助项目农村社区滚动发展资金运作模式研究与试点子项目(TCC5 项目)”。项目的主要目标是在贫困村庄建立村民自我组织、自我管理、滚动发展的社区资金互助社。互助社为贫困农户特别是贫困妇女提供小额生产性借款。主人公所在的村是该项目首批4个试点村中的一个，他是项目最早受益者之一。

——记录整理者

俺叫韩付海，家住河南省叶县廉村乡韩庄村，今年50岁，家里4口人，妻子和女儿有些智障，儿子10岁。我们村于2007年办起了“贫困社区资金互助社”，是前来我村指导办互助社的国务院扶贫办领导和几位专家，把我们家从贫病交加中拯救出来，是贫困社区资金互助社拯救了俺一家。前年年底，国务院扶贫办外资中心的领导带领北京的专家组到我们村，说是搞贫困社区资金互助社试点，让我们这些在农村借钱难的人从互助社借钱发展生产，脱贫致富。我怀着好奇的心情参加了村里的几道会，多次听领导和专家讲课，热热闹闹地参加讨论。

有一天，领导和几位专家突然来到了我们破烂不堪的家，我当时真是不知所措。那几年，俺简直是像在刀尖上过日子。智障的妻子有病常常卧床不起，女儿得了脑积水，给她做手术花去上万元。更不幸的是，聪明伶俐的儿子，1岁多时腿部严重烧伤，留下大块的疤痕，因无钱医治，造成肌肉挛缩，走路一瘸一拐。前年到医院检查，医生说，如果近两年不动手术8岁的儿子将终生残疾，可债台高筑的家庭到哪里去弄钱。几十岁的人了，我多次都动过死的念头，可转念一想，自己死了，妻子儿女咋办？领导和专家到家里后详细地了解了我的家庭情况，他们鼓励我参加互助社，从互助社借钱发展生产。我刻骨铭心地记得，国务院扶贫办外资中心的杨炼处长抚摸着儿子的肩膀，社科院孙若梅老师抚摸着儿子的头，她们说，多么聪明的孩子，我们想办法帮你给儿子治病，一定不能让儿子落下残疾。我的儿子这么大，他是第一次受到外人发自内心的爱抚，况且还是北京的领导和专家，我激动得泪水在眼眶里打转转，不知道说什么才好。

去年农历正月十五，乡政府的领导亲自带车接我和我儿子到平顶山最有名的军队医院152医院做手术，说是领导和专家回北京前捐了3 000元钱给我儿子治病。我们住进了整形烧伤科，当医院的领导和医生了解到我的家庭情况，并听说是北京的领导和专家捐助为我儿子治病，他们也非常感动，只收手术费和医药费，其他费用全免了。做手术时安排的是最有经验的医生，他们说要给北京的领导和专家有个交代。儿子的手术非常成功，手术后没有留下任何后遗症，一瘸一拐的儿子终于能和正常孩子一样上蹦下跳了。去年我送儿子到县城明星小学读书，儿子期期获奖，老师经常夸我儿子聪明好学。更让我难以相信的是，可能是因为儿子的病好了，智障且卧床不起的妻子突然病也好了，不仅变得像正常人一样，而且能够洗衣做饭，喂猪，整理家务，见人还知道打个招呼。

我们村的贫困社区互助社于2007年的农历腊月二十正式成立，我缴了100元的互助金，成了互助社第一批社员。互助社成立后，我们村把每月的18号定为借款、还款日。现在说来真是方便，我们的5户联保小组填张表，大家签个字为其中的借钱户做担保，到理事会一审批，18号这天就可以借到1 000到3 000元的借款。我于2007年6月，在互助社第二次放款时，获得了2 000的借款，他用这笔钱买了一头母猪，可能是时来运转，一年多的时间，这头母猪产了3窝30头仔猪，我卖仔猪共卖了11 000元，养了2头育肥猪，又卖了2 200元，我算了一下账，借款分期偿还后，不仅留下了1头母猪，养猪的纯收入有6 000元，加上这头母猪，纯收入过万元。第一次借款还完后，我在春节过后又从互助社借了2 000元的借款，我利用这笔钱买了4头商品猪仔和养猪的饲料。因为妻子能做家务，还能喂猪，农闲时我就可以骑车到临近的县城打零工。我不仅还清了欠款，还有了1万多元的存款。今年上级扶贫部门扶持我们村每户1 000元建沼气池，我也建了一个，用着真方便。

现在我在县城干了一天的活，回家时骑着破自行车能超电车，因为心里舒坦，浑身有使不完的劲。今年四川发生地震灾害，村里组织捐款，我也捐了30元。支书和村干部都说我家里困难，有这个心意就行，不要捐了，可我觉得捐钱多少是我的心意，也是自己对上级领导、专家和社会的回报。说句心里话，没有互助社，没有领导和专家的帮助，我们全家哪会有今天，我不知道说什么感谢的话，我希望如果我儿子将来能有点名堂，一定要向社会多献爱心，也去救助像他过去一样的困难儿童。我也希望我们村的互助社越办越好，不辜负国办领导和专家的期望。

农民张大山随想录

王　欣　重庆云阳县扶贫办

张大山今天特别高兴，因为前天他去县里参加了一个培训会，到县上开会这可是他有生以来的第一次啊，而且那些说法——培训的内容，就更让他兴奋了，说是即将实施的世行五期项目将完全由我们农民说了算！不但做什么，怎么做，甚至钱怎么用，都由我们自己说了算。现在国家帮助农村，帮助农民，还要农民说了算，以前可从未听说过。所以他回家以后，就一直在想这个问题，也跟不少村民商谈过，对于先干什么后干什么以及怎么干，好像大多数的意见还很一致，这使他信心大增。可是，他还是隐隐地有点担心，究竟担心什么，他也没想明白。

张大山是云阳世行第五期扶贫项目区一个农民，家住四十八槽中的野猪槽里，虽说是槽，其实是坡，向上望是上坡，一直望到天上的白云，向下看是下坡，一直能看到很远的洞溪沟。他初中毕业，当过兵，打过工，荣任过生产队长（组长），请辞（因意外事件要出远门半年）以后一边务农一边做点小买卖，但他一直都是公益活动的热心分子，所以他至今还是村民代表呢！作为市（省）定贫困村，当地最大的公益事业那自然就是扶贫工作了，当然这也是他最上心的事情了。

过去的扶贫工作，有种让他说不出的滋味，虽说村里的主公路通了（只能算晴通雨阻的等级吧），几个大院子也吃上了自来水，村上公布的账目也没什么问题，甚至以前的扶贫项目也征求过他的意见，可反正他不痛快，首先是为什么这个村还是这么穷？再就是为什么他们这些住得分散的、边远一点的，应该接近全村人的一半吧，怎么还是不通水、不通路？难道就没有解决办法了？这可得说说，在这一轮的扶贫项目中可得好好谋划谋划。

他此时正在自家后面的山坡上，因为刚刚下过雨，干其他农活不利索，所以他一边驱赶两只羊去吃草，一边想着心事。

其实自去年以来，他就见过好多新鲜事，让他新奇、感动和难忘。

首先是去年初夏，县里的干部经常到本村来，他们爬坡上坎，几乎跑遍了全村的旮旮旯旯，当然更多的是找老乡们座谈，他本人就去参加过两次，主要是摆谈村民为什么这么穷，有什么解决办法等，最后一次来，就是县里干部拿着本村的扶贫项目安排，四处征求大家的意见。

接着就是去年7月发生的一件事让他特别感动，那是他亲身经历过的。到了那天中午他才听说，有位世界银行来的官员，叫李果，还有国家扶贫办一个处长，是女的，当然还有重庆和县里的，下午要去他们村调查。于是他也不午睡了，早早地牵羊上了山，准备去看看。等到下午2点多吧，就远远地看见两个小车停了下来，一行人陆续下车走山路。他们是从邻村的柏树槽向下往他们村摸索着走的。可是他们只走了10多分钟的样子，老天就突然变脸了——刮风，乌云，只过几分钟，就是瓢泼大雨铺天盖地来了。虽然镇里很快就找来了雨伞，可是大山知道这雨的厉害，伞是起不了多大作用的，而且至少还有两个地段，这些人走下来恐怕是很难的。于是他赶紧拴好羊，打算跟去看看，最好是能在关键时候帮上一把。于是他尾随着跟了上来。队伍走走停停，他想这么大的雨还停什么？等挤到前面一看，发现李果和那位女处长（问村干部才知道的），正在跟牵牛披蓑衣的刘老三聊天呢，好像在问，生产怎么样？主要困难是哪些？希望国家怎么帮助？刘老三先是吃惊，定了定神才慢慢做了回答。就这样停停走走，终于走到拦河坝了。大山知道该自己出面了，因为拦河坝的外坎是必经之路，不但水大，很滑的青苔还布满了石梯，而外坎的正下面就是大岩，外来的人走下去是很危险的。所以，他紧跑几步，手脚并用地快速爬到石梯中间等着。果然，走在前面的人迟疑着慢慢地探出脚步，他赶紧伸出双手、说“来”，于是他就一个一个地把他们牵扶着下去了，走上了侧边的小路。还有随后的乱石坡，因为太陡，晴天都要跑几步才敢下去的地方，也是他这样一个一个地牵扶着下去的。大雨还是不停地下，大概走了1个多钟头吧，队伍终于走到了二嫂家（堂嫂），官员们很热情地跟二嫂全家打招呼，并认真地查看了每间房屋、猪圈和猪，然后才随便地四处坐下。记得那位女处长是坐在二嫂家大门门槛上的，连门槛的灰尘都没擦擦。他们详细询问了二嫂家的生产及生活情况，也问了主要困难是哪些？希望国家怎么帮助？等等。问完以后，大家随即起身，继续向山下走。可大雨还是在下，队伍仍然边走边看边问。一直走到支书家的时候，大雨才戛然而止，可这时候已近5点了。大山敬佩地望望这个，望望那个，他发现每个人都全身湿透了！

这一路啊，让大山特别地感动，他还从没有因为工作，这么感动过。

还有就是去年11月和今年2月、3月，县里的干部又前后3次来到本村，公布扶贫资金安排数量，再次踏勘规划项目现场，与干部和村民一起讨论项目规划，最后公布本村的扶贫项目，好像比上次公布的又变动了三分之一吧。当然，这都是大家要求调整的。

接下来就是今年4月份，大概是10号左右吧，大山看见外国朋友了！（现在都这么叫，以前可是叫洋人的），在家乡山坡上看见外国朋友，可着实让他兴奋了好几天。那天原听说是要去他们村的，可结果却去了邻村，当然他也赶上了，是亲戚来的电话。但是这次，他只远远地跟着，主要是怕影响他们工作。大山一路打听下来，才知道这些外国朋友问的，好像跟去年女处长他们问的差不多。不过，这次他感觉到，这些外国朋友也是在真心帮助我们。

最后他又想到了前天的培训，好像程序还挺多，说还要继续深入宣传，要竞争，要由村民重新评选项目，要……这时他突然发现小强了，小强牵着牛向他慢慢走来。他想正好可跟这个远房侄子说说自己的想法，也请小强继续为村里出点力，为5组（大山所在组）想想办法，毕竟小强以前也是村长兼民办教师啊，虽然现在他这民师转公了，村长也换了人，可他仍然是本村的热心人嘛。

想到这，他好像忽然明白了，原来他担心的是，怕自己这个村在竞争中落后！当然还有一点，就是万一大家不齐心没搞好，恐怕也不好意思面对那些远来帮助他们的人吧。

打造致富平台　夯实发展基石

侯海生　内蒙古翁牛特旗扶贫办

翁牛特旗位于内蒙古自治区赤峰市中部，地处西辽河上游，科尔沁沙地西缘。全境东西长 250 公里，南北宽 84 公里，总土地面积 11 882平方公里，总耕地面积 207 万亩。全旗辖 12 个苏木乡镇、6 个国营农牧场，共有 229 个嘎查村，总人口 47. 3 万人，其中农牧业人口 41. 17 万人，少数民族人口 8 万人。翁牛特旗按全国综合自然区划属西辽河流域半干旱草原，是科尔沁沙地边缘的农牧交错生态脆弱带地区。经过长期的历史发展过程，自西向东形成了农区、半农半牧区和牧区三种不同的社会经济类型。由于生态环境恶劣、基础设施薄弱、劳动力素质较低等原因，全旗贫困人口较多，贫困面大，贫困程度较深。翁牛特旗也是国家“八七”扶贫攻坚以来的扶贫开发重点旗。

作为国家重点扶持的国贫旗，翁牛特旗于一九九七年十月被自治区正式确定为中国西部扶贫世行贷款项目区。翁牛特旗世行贷款扶贫项目自 1999 年实施先导工程，到 2005 年末项目实施结束，历时七年。总计完成投资 8 033. 24万元，其中：世行贷款 3 880. 5万元（包括物资 874. 84 万元，报账回补 3 005. 66万元），国内配套资金 4 152. 74万元。共实施土地与农户开发、灌溉与土地开发、农村企业开发、机构建设四个分项目，30 个子项目。

翁牛特旗世行贷款扶贫项目是一项集种植、养殖、农田水利建设及生态建设于一体的综合性扶贫开发项目。项目以加强贫困地区农牧业基础建设为根本，以新技术、新品种的推广应用为手段，最终促进贫困地区发展，使贫困人口脱贫致富。世行贷款扶贫项目不但使翁牛特旗贫困地区的基础设施条件明显改观，项目区群众生活发生了翻天覆地的变化，而且为贫困群众实现可持续发展，逐步走向小康奠定了坚实的基础。翁牛特旗世行贷款扶贫项目覆盖了17个苏木乡镇（2005年末合乡并镇前的苏木乡镇数）、77个嘎查村。项目区95%以上的贫困户得到了有效扶持，受益农户达16 682户，64 777口人。项目区受益人口人均纯收入由982元达到1 683.5元，增长71.4%；贫困发生率由49.8%下降到8.9%。

翁牛特旗是国家扶贫开发重点旗，实施世行项目的地区几乎是全旗最为贫困的一些弱势群体，他们大多生活在西部山区和东部沙区，水资源匮乏，畜牧业发展规模小、档次低，贫困农牧民脱贫的路子窄。虽然贫困地区资源状况、贫困原因各不相同，但根本原因是农牧业基础设施差。为有效解决制约贫困地区发展的“瓶颈”问题，翁牛特旗结合实际着力做好“水”字文章，并总结推广了四种以水资源开发为前提的项目建设模式。夯实了贫困地区的发展基石，打造了贫困群众的致富平台。

世行项目为贫困地区打配机电井、小管井、小筒井，通过汲取地下水来开发水浇地，扩大有效灌溉面积，把粮食产量低而不稳、干旱年份经常绝收的旱作田转变为高产稳产的基本农田。共打配机电井145眼、建提水工程67处、埋设输水管道32.44万米、建移动泵站263处，新增水浇地5.67万亩。原东庄头营子乡共打配机电井23眼，增加水浇地1.2万亩，并实施了水浇地玉米、杂交油葵等种植业项目。受益人口7 993人，人均增加水浇地作物1.5亩。

翁旗东部牧区，有大面积利用价值较低的盐碱地，由于资金和技术缺乏，长期闲置，而这些地区往往地表水、地下水资源较丰富。根据这一资源特点，因地制宜以水源建设为重点，将水源建设与种植业开发相结合，通过打配机电井、提水和防渗等措施大力发展水稻种植，新开发水稻11 552亩，配套各种水利工程192处。使项目区受益农牧户人均1亩稻田，当年解决温饱。原高日罕苏木黑鱼泡子嘎查利用世行项目建设的水源工程，引导项目户实施绿色食品开发，生产有机稻米，以每公斤12元的价格销往北京、上海、南京等大中城市，已获国家环保部有机食品转换证书。该嘎查有机水稻覆盖380个贫困户，贫困人口1 480人，项目的实施使项目区人均增收1 000多元。

翁牛特旗贫困人口大多集中在西部山区和高寒墁甸区，这些地区地下水贫乏，只能利用地表水、风化岩隙水进行小管井、小筒井的开发建设，或建设集雨水窖，通过实施喷灌、坐水种等方式解决作物灌溉问题。共完成小筒井194眼，小管井216眼，建水窖282处，建设旱作基本农田7 048亩，确保项目区在极端干旱年份不绝收。

建设草库伦是翁旗草原建设的一项重要内容，过去建设的草库伦由于水利设施配套不完善，效益较差。针对这种情况，确定在草库伦建设中坚持以水利设施配套为重点，共建设配套草库伦293公顷。阿什罕苏木世行项目户张子忠的草库伦有井、有鱼塘、有稻田、有林网、有人工牧草、有棚圈，是全旗草库伦的典型。截止到目前，全旗共建草库伦293处，栽植山杏2 805亩。人工种植牧草16 930亩，基本都达到了水、草、林、机、料、窖六配套标准。增加畜禽饲养量11 557头（只、组），折合38 776个羊单位。年人均增加收入达800元以上。

世行贷款扶贫项目直接面对的是贫困农牧民，而贫困农牧民科技文化素质较低。为了保证农牧业项目达标、达产，符合世行项目技术标准，翁牛特旗积极组织技术人员对项目户进行系统培训，项目户领取物资前进行集中办班培训。项目实施过程中深入现场示范指导，在水稻种植、脱毒马铃薯种植、养肉鸡、养羊等项目培训上，手把手教授农牧民实用技术，边学边用，使项目户普遍掌握了相关的技术。同时，通过组织项目户参观农牧业新品种、新技术示范基地，把种养业优良品种和增产技术引入项目中来。共完成技术培训、农户培训56 390人日，极大地提升了项目科技水平和项目效益。

如今的世行贷款项目区，每到仲夏时节，放眼七沟八梁，一片郁郁葱葱。虽然项目结束已近三年，但乌丹镇疙瘩窝铺村民组长郝云说起世行贷款扶贫项目，仍如数家珍：疙瘩窝铺村实施世行贷款扶贫项目之前，共有 53 户，150 多口人，耕地面积 2 000多亩，2001 年以前没有一亩水浇地。2002 年实施世行扶贫项目，疙瘩窝铺村民生产、生活发生了质的变化。过去只有大川种植的玉米，现在山沟里安家落户，亩产 1 500多斤，比种谷子收入翻一番；粮多、肥多促进了畜牧业发展，家家户户养羊，少则 40 多只，多则上百只。村东组 22 户农家有 11 户翻盖新房，有各式农用车 18 台、摩托车 6 台、电话 7 部、手机 4 部；过去缺水缺电、土地不打粮，有门道的劳动力扔下土地去外地打工，人们把疙瘩窝铺叫“落蛋营子”，壮小伙子三十大几还说不上媳妇；现在姑娘搞对象在本村找，远近十里八村的姑娘找对象请媒人往疙瘩窝铺提。

“潮平两岸阔，风正一帆悬。”世行贷款扶贫项目给蓬勃发展的翁牛特旗注入了无限的生机和活力。翁牛特旗已是跃出水面的蛟龙、展翅欲飞的彩凤，挺起胸，昂起头，向着更广阔的天地腾飞。

观摩陕西白水县世行社区主导扶贫试点项目有感

张富成　陕西扶贫办外资项目管理中心

人类减贫重任在，合作之花白水开。
中外大师共谋划，三方精英同献爱。
崭新理念促创新，天下良方任我采。
社区主导重参与，公益大事众人裁。
百姓满意且欢喜，竟当毛公转世来。
项目方略领袖风，同在乡村受拥戴。
宗旨同一为人民，殊途同归理应该。
人心之水正载舟，达岸可及勿言败。

注解：三方精英——指国内专家、世界银行专家和国际NGO专家

优秀奖

"改革开放进程中的外资扶贫"有奖征文活动获奖作品集

大地作证

——运城市利用世行贷款实施农业扶贫开发项目的实践与启示

刘　峰　山西运城市国际金融组织贷款管理局局长

运城市利用世界银行贷款开展农业扶贫事业始于1992年，是伴随着解放思想、扩大改革开放的进程发展起来的，共引进世行贷款扶贫资金12亿元，创造了山西省的5个第一：一是第一个以地方政府名义争取成功并打开了国际融资渠道，此举在山西乃至全国都是首开先河。二是贷款数额巨大，占山西省世行贷款农业扶贫项目总额的70%。三是项目实施规模宏大，建成了覆盖全市13个县(市、区)，涉及农、林、牧、水、电、渔、农产品加工诸多领域的项目群，使380万农民从中受益。四是亮点突出，科技农业，环保农业、生态农业、循环经济渗透并提升了项目群的质量，推进了农业现代化的进程。五是经济效益显著，据测算，年可新增效益7.2亿元，项目农户人均收入达到3 300元，是非项目户收入的数倍。资金的有效使用和项目的成功组织实施，不仅为运城市的基础设施建设、产业结构调整、科技进步、改善民生、社会事业发展起到了积极的推进作用，而且把运城市融入国际扶贫资金大循环行列中，拓宽了扶贫的融资渠道，实现了一次思想大解放，发展大跨越，生产力大提高。

一、实践的特色

运城农业扶贫项目是由运城市地方政府首次单独提出引进国际

金融组织贷款实施的大型农业综合开发扶贫项目。项目具有投资规模大、建设周期长、覆盖区域广、实施内容多的特点。如何高标准、高质量、高效率地组织实施，积极、科学、合理、有效地发挥资金效益，我们在实践中也进行了一些有益探索。

1. 注重思想观念更新，力求高起点

立足改革，更新思路，利用外资扶贫，既是一次创新实践活动，又是一次思想观念更新过程。利用外资扶贫，最根本的就是要求“借得来，用得好，还得起”，与我们过去单纯依靠财政无偿投入扶贫有本质的区别。这次贷款扶贫实际上是政府举债，农民受益，有贷有还。但是我们面临的是外资贷款程序复杂，管理严格，技术要求高与农民松散的群体、封闭的意识和较低的科技文化知识以及传统耕作方式的较大反差。为此从扶贫项目争取到实施，始终坚持以扶贫为宗旨，以经济效益为中心，以转变意识、更新观念为基点，广泛地、持续地、宣传和培训，大力营造变救济式扶贫为开发式扶贫的氛围，使广大贫困农户既克服了“等、靠、要”依赖思想观念，又增强了还贷意识，从而激活了农民本身的活力，自觉遵守法规，以科学的态度从事项目建设，争取在最短时间，用最少的投资得到最大的收益，尽快还本付息。一些农民还自发组织到外地参观学习先进技术，学科学、用科学、用科学致富在项目区蔚成风气。这就为项目成功实施奠定了扎实的思想基础。

2. 注重资金捆绑使用，力求高效益

运城市实施的世行贷款农业扶贫项目总投资近12亿元，总投资规模中既有世行贷款51 158万元，有省级配套资金15 790万元，还有市县两级配套资金3 958万元，同时有农民的投工投劳折抵投资48 262万元。多年来，来自各部门和行业的扶持农业资金、扶贫资金并不少，但由于条块分割、渠道不同，扶持对象、扶持项目、扶持形式不同，难以统筹安排、科学规划，形不成规模效益，造成项目投资不足或盲目投资，失去了投资促发展的作用。在组织实施农业扶贫开发项目具体操作中，我们立足发挥资金聚合效应，变资金分散使用为集聚捆绑使用，使农业扶贫项目以其巨大的投资规模，系统的项目内容和科学的项目规划，吸纳捆绑了包括省市县各级配套资金以及信贷资金、民间资金等方方面面的资金，形成了空前一致的投资主体，为农业扶贫组织严密化、实施规范化、管理科学化、效益最大化提供了强有力的保证。

3. 注重管理机制创新，力求高质量

利用世行贷款，不单单只是引进资金，更重要的是通过与世界银行这一国际上最大的金融机构的合作与交流，要使我们在解放思想，开阔视野，打破传统的思维方式，摒弃保守的地方经济观念，认识和把握经济社会活动的角度和高度上都应有一些新的变化。

借鉴国内外先进经验，结合工作实际，我们制定出台了一系列管理办法，其核心内容就是人员实行招聘制、工程实行招标制、财务实行报账制、债务实行担保制。对工作人员实行招聘制，13 个县市和市直单位所有的项目管理人员进入单位后都经过一年的试用期，试用期满，综合考评合格，才聘为正式工作人员。这样既保证了人员数量，又保证了队伍素质，从而大大提高了机关的工作效率。对所有工程和物资采购实行招标制，即严把了质量关，又节约了费用，同时增加了工作透明度，确保了各项工程的廉洁性。扶贫项目对土建和物资进行了 70 多次的国际、国内竞争性招标和询价采购，总额达 4 亿多元，较概算节约投资 3 100万元。对财务实行报账制，所有项目工程都是先干后报，先配套后报账，严格报账审批程序，由工程、物资、培训、监测、计划、财务等科室共同把关，在对各项工程全面验收的基础上进行审核、会鉴，缺一不可，把工程落到实处，把资金落到实处，报一处，回补一处，规范了资金管理，降低了贷款风险，最大限度地发挥了资金的使用效率。对债务实行担保制，区别公益性与个体性、基础设施与收益项目、长期效益与近期效益等不同项目内容，采取不同的债务担保。主要方式有政府担保、主管部门担保和干部职工担保，上述机制的建立不仅与国际惯例接轨，同时为项目高质量的实施，构建了科学的运行机制。

4. 注重人才队伍建设，力求高素质

任何一项事业的成功都离不开一批精英人才，扶贫项目作为一项事业，一项民心工程，同样需要一批高素质的人才。我们针对贷款搞扶贫的实际，立足当前，着眼长远，注重培养，节约成本，把充分发挥人才的主观能动性和积极性放在首位，紧紧扭住培养不放松。一是项目管理队伍是成功实施项目的中坚和骨干。在教育干部职工树立起事业第一、工作第一、奉献第一的崇高理想，增强以项目工程为神圣责任感和使命感的基础上，把开展项目管理培训、提高管理人员素质作为项目管理首要任务，紧密结合项目管理和工程实施需要，全方位、多层次地进行项目管理人员的培训，多次组织举办了项目启动、工程管理、工程招标、提款报账、财务管理和监测评价等各种类型班，对各级项目管理人员进行有针对性的专题培训232期，2 668人次，同时还利用各种机会组织项目管理人员外出考察学习，借鉴国内外同类外资项目的管理方法和实施经验，在开拓项目管理视野、启迪项目管理思路、提高项目管理水平等方面发挥出很好作用，且成为项目管理的行家里手。世行贷款不仅给我们带来了资金，带来了技术、带来了效益，而且带出一支有党性、有知识、有技术、有魄力的现代化管理干部队伍。二是项目区广大农民是项目建设的直接参与者和受益人，他们素质的高低关系到项目实施的成败和项目效益的发挥。我们通过举办学习班，聘请专家现场授课、帮助指导等方式对项目户进行全面培训，把科技种田知识送到田间地头，前后共举办各类农业技术培训班520期，培训农民5.7万人次。通过培训，广大项目户素质明显提高，普遍掌握了一至两门实用农业科学技术，增强了用好贷款建设项目的能力，逐步成为懂技术、会经营、讲信誉的社会主义新型农民。

正是由于有着这么一支业务熟练、富有经验的项目管理队伍和建设队伍，我市农业扶贫项目才得以顺利实施，取得了显著成效，广大项目户通过项目实施确实得到了实惠，因此大多数农民都能按时积极还本付息，确保了到期贷款本息的及时偿还，实现了我们当初对世行所做的“借得来，用得好，还得起”承诺。

二、实践的启示

实践证明，世行贷款运城农业扶贫开发项目是十分成功的，不仅有力地促进了当地经济建设的发展，而且为全省、全国扶贫和国际减贫事业做出了应有的贡献，也给我们以许多有益的启示。

启示之一：实施农业扶贫开发项目，必须实事求是地选择和确定符合当地实际的项目群体。实事求是，一切从实际出发是我们党思想路线的根本出发点，也是我们思考问题，解决问题必须遵循的标杆。我们在组织实施农业扶贫开发项目中，始终把符合不符合当地政府的经济和社会发展战略，符合不符合当地政府和群众的迫切需要，符合不符合当地的自然条件和社会环境作为选择和确定项目的基本依据和标准，充分体现了全面规划、因地制宜、合理布局、发挥整体优势，取得最佳效益的指导思想。在众多的项目中，选择和确定了乡村公路、人畜吃水等改善农民群众基本生产和生活条件的项目，选择和确定了种草养畜、经济林、水产养殖、滩涂开发等提高农民收入、帮助农民脱贫致富的项目。同时在项目的布局和贷款规模的分配上，从各县的实际出发，重点放在贫困县、山区县和贫困乡村，这些项目的选择和确定抓住了当地农村经济落后和农民生活困难的关键，项目的实施成了当地农民脱贫和经济发展的突破口，实现了经济、生态、社会效益的统一，既符合科学发展、持续发展的总体发展战略，又得到世界银行的认可，从而受到农民的普遍欢迎。

启示之二：实施农业扶贫开发项目，必须建立一个科学的项目管理体制。改革我国落后的项目管理体制，是提高项目效益和工程质量、防止腐败的基本条件。运城市的农业扶贫开发项目就引进了世界银行科学的管理理论和方法，并在实践中不断开拓创新，建立和发展起更为行之有效的综合性扶贫项目运行机制、管理程序与标准。如项目人员实行聘任制，工程建设的项目法人负责制度，项目采购公开竞争的招投标管理，项目施工的建设、施工、管理三元制衡的合同管理，项目报账的检查验收，内查外审，普查抽查的质量管理，项目资金和债务的层层担保管理等。这些先进管理办法的引进运用和建立，都极大地提高了项目实施的效率、质量、降低了工程成本，加快了项目进度，也有效地避免了风险，增强了世行贷款的安全性。

启示之三：实施农业扶贫开发项目，必须依靠各级政府的全力支持和各部门的共同参与。项目建设本身既是改变项目区农业生产条件，提高项目区群众生活水平，促进农村社会经济进步的过程，同时也是对如何利用外资组织实施农业综合开发工程的探索。扶贫项目投资规模12亿，是一个农业综合开发的系统工程，不仅涉及所有农业部门，而且涉及计划、财政、环保、统计、交通、电力、土地、城建等职能及有关经济管理部门。如果没有各级政府强有力地持续一贯地宏观协调和各个部门顾全大局共同参与，协同作战，世行贷款项目是不可能很快立项和顺利实施。从运城市的扶贫项目实践来看，市县政府组建了一个强有力的由政府一把手担任组长，有关部门负责人参加的项目领导机构，是非常重要的，尤其是领导组长必须由政府主要负责人担任，这样就可以使项目领导组更全面更有力地协调各个职能部门利益与责任，形成合力推动项目的顺利实施。

启示之四：实施农业扶贫开发项目，必须要有勇于开拓创新、无私奉献的精神。世行贷款扶贫项目由于规模较大，决定了其内容、技术含量都较复杂；由于是外资项目，审批要经过国内和世行两个程序。从评估到立项，一般要经过3~4年，从立项到实施，要经过4~5年，从竣工到还贷结束，要经过10年左右。规模大、周期长、程序多、审批严，世行贷款的这些特点，决定了如果没有一种开拓创新、无私奉献精神，没有强烈的事业心和责任感是无法争取到和实施好项目的。十多年来，尽管各级各部门领导和人员发生了变化，但是，我市项目管理机构的主要工作人员始终不变，对事业的忠诚没变，痴心不改。他们从艰难中起步，在起步中探索，在探索中开拓，在开拓中创新，在创新中发展，在发展中提升。他们以超前的思维理念，与时俱进的意识，执著追求的信心，坚韧不拔的毅力，顽强拼搏的意志，求真务实的作风，无私奉献的精神，才使我市有史以来最大的一个外资项目以较短的时间立项，以较快的速度实施，这样的规模，这样的速度，在我国世行贷款历史上也是少见的，被世行专家誉为世行在全球投资的样板工程也在情理之中。

点滴寓文明

崔　蕾　山西运城市国际金融组织贷款管理局

掀开人类文明史册，不乏文明足迹。我们每个人的一生，也如史诗般经历着风雨的洗涤。记忆也有如大浪淘沙，有的早已逝去，有的却在心底打上了深深地烙印，久久地牵动着心灵，影响着行为，让人无法忘却，回味无穷。

多年以来，我因为工作关系，一直有机会和外国朋友打交道，这让我多少也接触到大部分人无法接触到的人或事，尤其是在工作中也能体验到的一些生活小细节，从中体会着人类文明的进步，感受着我们与发达国家在各方面的对比与差距。

记得有一次，在接待世界银行贷款山西扶贫项目检查团一行期间，有件事对我触动很大，至今想起，当年的情景还能历历在目。那天，世行专家团在各县检查工作，说来也怪，运城的天气常年是久旱少雨，可每次世行专家来运考察期间，十次总有八次能碰到下雨的天气，乡亲们常戏说，这些人真的是送“财”来了。那次也不例外，还是场大雨。记得那天专家们是冒雨在各县检查工作，下午很晚了还没有回到酒店用晚餐。正当我们留守在家的一班人焦虑地在酒店大厅等候着专家团归来时，先遣车已开到了大厅门前，回来的人说专家坐的车很快也就到了，只见他们个个都被雨淋过，尤其是那双脚，沾着从田间地头带回的泥巴。

没几分钟，紧接着后面专家团的车也到了，世行专家们陆陆续续从车上走了下来，只见他们刚迈进酒店大厅，就很自觉地一个个脱去双脚上沾满泥巴的鞋，有的光着脚板，有的穿着白白的线袜径直走向电梯。当时的一幕让所有在场的人十分惊讶，大家面面相觑。很快有反应快的，急忙上前想制止，并一再解释说不必这样，很快我们的服务员会清理干净的。可专家们执意要这样做，而且一再说明要尊重服务员的劳动。这让紧跟其后的我们其他几位同事来了个措手不及，大家不知所措，只见有的急忙返回外面将双脚的泥掸了一掸，有的已经进来了，虽是一脸尴尬，也只好硬着头皮往里进，嘴里不自然地说着：没想到，没想到，看来真有差距！

当然，在与世行专家的工作交往中，有很多类似这样的事情，让我们自叹不如，感到值得敬佩和学习。比如工作中，专家们细致入微，一丝不苟，从不接受任何与工作无关的游玩与消遣活动安排；生活细节上，考察路途中从不随意丢弃任何垃圾杂物，在田间地头轻易不肯浪费或损伤一丝农民的地产之物；对“女士优先”也是处处注意，时时能够做到；对我们在招待过程中食物超量、食品过奢感到不可思议并提出异议；工作作风上，从来都是高效率、言出必行等。所有这些让我们这些接触到的人，体验着一种文明，崇尚着一种务实。多年的接触与交往，不知不觉中，这些文明行为也已经在我们的工作与生活中得到了实践，对人类文明行为的理性认识得到了升华，使人类文明行为得到了传承，使人类文明行为的内涵得到了拓展。

横空大桥当惊殊

——观瞻米汤沟大桥有感

崔　蕾　山西运城市国际金融组织贷款管理局

我算是从事国际金融组织贷款项目比较早的成员之一了。因工作环境主要在室内，所以没有亲眼目睹和经历过项目工程实施时轰轰烈烈的场面，但听亲历过的同事说起的事却也不少，对此，我心里始终感到有一点缺憾。尤其是平陆县平关公路米汤沟大桥的建设，因为它是运城世行贷款农业扶贫项目中第一个有较大影响的工程。只记得当时工程科的几位同志经常是几天几夜驻守在工程一线，为保工期与质量，常常是没白天没黑夜地与县里同志和施工作业工人一道摸爬滚打，一起在工地征战……

如果是心里惦记的事，相信总有一天能实现。这不，不久前，我有幸随刘局长及其他几位同志一道去了一趟平陆，观瞻到了米汤沟大桥。

汽车在运三高速公路上欢快地飞奔，秋风在车窗外呼呼作响，车内刘局长谈起当年建设米汤沟大桥时，激动不已地为我们讲述着大桥工程招标时的一段往事。就是在这个项目的工程招标会上，因为工程招标人员没有按世界银行招标要求工作，他对当时工程指挥部负责人发了火，并提出了工程招标六条原则，而且一一说出了这六项原则。这让我不禁对他肃然起敬，敬佩他在事隔十二年后还能对事情如此记忆犹新，更敬佩他做事严谨、为工作不怕得罪人、敢于坚持原则的工作作风。

米汤沟大桥距离平陆县城 18 公里，我们的汽车在蜿蜒的平关公路上盘旋而上。此时的季节已到深秋，道路左侧的山崖上，草木已呈金黄色，尽染的层林更显出秋日的寥廓，右侧路边种植的树木也已高耸挺拔，路下面就是滔滔的黄河水，黄河顺着这条路滚滚向东流淌着。大约过了一刻钟时间，远远地看到一个高耸的建筑标志屹立在前方，刘局长指着那个标志物说，那就是米汤沟大桥了。

“米汤沟大桥”几个遒劲的大字映进了我的眼帘，这是当年分管交通的杜五安副省长的亲笔题词。车行驶到桥头，局长提议我们步行走过大桥，这时他又一次对我们说起了当年的工程。承建这座桥的施工单位是中铁十七局，这个工程队有着丰富的施工经验，但在修建这座桥时，面对米汤沟的复杂地质环境，工程队是多次摇头，多次遇难题。这里的土质按老百姓的话说是“干了似石头，湿了如牛肉”，工程指挥部多次聘请国内著名专家，对米汤沟地上水下地质进行勘测。为什么叫米汤沟，是因为这里地形复杂，黄河水流急时，如锅中烧开的米汤一般。而且这条沟一年中在水中浸泡长达 10 个月之久，这里距三门峡水库大坝仅 1 公里，且深水区离大坝只有 500 米，施工起来非常困难。因枯水期只有几十天，对工程施工时间要求也非常紧迫。局长指着中间那根桩说，当时在打这个桩时，就遇上了地质复杂，工期紧迫的难题，大家硬是在克服了重重困难后才完成这项艰巨工程的。我们漫步在桥面上，聆听着刘局长对大桥建设过程的追述，体味着工程建设者们当年那段刻骨铭心的日子。293. 6 米长的大桥，我们足足走了半个小时有余。

到了桥东，局长提议给大桥照个全景，这个季节，三门峡水库已放过一次水了，东边南侧的山体有一处伸向了沟中心，像是从水面突起的一道“山脊”，大家认为站那个位置照全景应该不错。我们顺着山脊向沟中心走去，平陆县胡局长说，要是在蓄水期，从桥上看，这座山脊只是冒个尖，此时我们看到的山脊却露出水面至少二十米。站在这个位置，我看到了米汤沟大桥的全貌，刚才走在桥上，感受的是桥面的宽阔，走在上面让人对桥下的黄河水少了一份敬畏。现在站到了沟心区，远远矗立的大桥看起来却是非常雄伟峻秀，八根桥柱矗立在河中心，支撑着桥面，桥上人车川流不息，每根桥柱上还能清晰地看到三门峡大坝蓄水高位时黄河水留下的印痕。

面前的米汤沟大桥，尤如一道彩虹，横架米汤沟东西两岸，就是这座桥，让天堑变成了通途，让沟两岸的居民走了亲，结了缘，让山里的人走出了大山，让山中的“凤凰”飞向了平川。

此时的米汤沟大桥，在秋雾笼罩下，显得尤为妩媚动人，与对面的黄河三门峡大坝相比，她更像是一位婷婷玉立的仙女，轻舞两袖，在黄河里沐水戏玩。我不禁被眼前的景象陶醉沉酣……

泽被百姓　惠及子孙

——对方山县世行扶贫项目的调查

高珠峰　林建峰　山西吕梁市世行项目办

世行贷款扶贫开发项目是迄今为止吕梁市利用外资最大的项目，涉及全市七个县，项目总投资45 073.54万元。于1995年8月启动，2003年底关闭，当时项目得到了世行的认可和好评。现在项目关闭将近5年，项目效益究竟如何？效益能否延续？带着这些问题，我们又一次深入项目区之一的方山县，对人畜饮水工程和妇女养殖两个子项目进行了较为深入的调查。所到之处，群众对世行项目并没有因为时间的流逝而淡忘，说起世行项目仍然是赞不绝口，如数家珍。下面就人畜饮水工程子项目的调查结果分述如下：

人畜饮水工程是方山县世行项目的一个重要子项目，也是最受群众欢迎的子项目之一。方山县世行项目共实施人畜饮水工程22处，涉及4个乡镇22个村庄，其中提水型工程20处，引水型工程2处。工程总投资383.77万元，其中利用世行贷款124.94万元，配套资金114万元，农民自筹114.83万元。人畜饮水工程的实施，解决了全县7 348口人，356头大畜的吃水困难，取得了很好的效益。

1. 有效地改善了山区农村生活设施条件，圆了几代人的吃水梦

方山县大部分山区农村吃水困难，祖祖辈辈都是饮用带有土腥味的井窖水。而且方山十年九旱，井窖一年也积存不了多少水，不得已只能到几里外的深沟里去担水，一个村甚至两个村的人争抢少的可怜的一点山泉水。我们在大武镇石门焉调查时，妇女闫香平为我们讲述了当时吃水的困难。石门焉全村105户，375口人，以前

吃水要到5里外的深沟里去担水，而且每天只能流十来担，由于人多水少，各家各户都不分昼夜去排队，担回来的水还是浑糊糊，需加白灰或黑炭进行沉淀后才能食用。所以用水奇缺，确实是“滴水贵如油”，村民们把水看的比粮食还珍贵，不肯轻易浪费一点水，中午吃剩的面汤，晚上熬成稀饭吃，洗过菜的水沉淀后再用来洗锅，然后打扫卫生或喂家禽家畜。全村人很少洗脸洗脚，平时自卑的连门也不敢出，不得已去赶一回集，即使专门洗了脸，到了集上，人家仍能认出是石门焉的人，好像脸上贴了标签似的。自从1998年世行项目解决吃水后，石门焉人头也抬起来了，脸上也舒展了，原来30岁以上的几十个光棍，现在都娶上了媳妇，石门焉发生了翻天覆地的变化。其他项目村的情况和石门焉相类似，如石站头村、麻塔村、果则园村、黄草林村、杨家村、南洼村、上秦家坡、下秦家坡、上曹家山、下曹家山等，都是吃水非常困难。而且这些村都是多年来解决吃水问题啃不下去的硬骨头，水利部门多次投资都没能真正解决问题。这些村水源缺，打井难度大，管线长，高差大，施工困难，技术难题多。如石站头吃水工程，项目办同志为寻找水源，跑遍了周围十里内的沟沟坌坌，后来通过查资料，访问群众，才发现了原来报废的一口矿井内有水，经勘测化验后，符合饮水标准，这才解决了这个老大难题。施工中，他们克服重重困难，解决了一个个技术难题，才使这些山区农村彻底告别了“水荒”，圆了几代人的吃水梦。通过调查，全县22个吃水工程，除大武镇下山村由于管理不善停用、杨家村由于设备出了故障而暂停使用外，其余都能正常运转，发挥效益。

2. 有效地解放了劳动生产力，推进了经济结构的调整

以前山区农村为解决吃水问题要花费大量的时间和精力，据调查，每个劳动力每天花费在担水上的时间大约是一个小时，项目村共1 800多个劳动力，每天需花费1 800多个小时用于担水。世行吃水工程的实施，使每天大约180多个劳动力从担水扁担的重压下解放出来，按每个劳动力40元计算，每天可实现劳动力转移增值7 200元，全年可实现劳动力转移增值二百多万元，按10%可以有

效创造价值，每年实际可创造20多万元的经济效益。同时，吃水工程的实施，使项目区农民的养殖业和农副产品加工业，都有了很大的发展。农民外出打工成为重要的收入来源。以石站头乡上秦家坡为例，全村105口人原来就没有养殖和外出打工，现在养猪100多头，外出打工的有20多人，增加收入50 000多元。项目区22处人畜饮水工程光劳务输出一项可增加收入几十万元。农民秦贵喜说，以前看到其他村的人养猪眼红，但由于没有水，养猪只能是梦想。吃水工程实施后，老秦的这一梦想变成了现实，从最初的4头发展到现在的37头，一年光养猪收入就在万元以上。世行项目吃水工程的实施，推动了山区农村经济结构的调整，使原来单一的农耕经济向农、林、牧、果、种、养、加、工多元型经济转变。

3. 有效地改善了山区人民的生活质量，提高了人民的健康水平

人畜吃水工程的实施，为农村发展庭院经济打下了基础，原来“一年四季土豆片”的生活习惯得以改变，山区农民吃上了各种新鲜蔬菜，以前只能在城里人和川里人的饭桌上见到的黄瓜、西红柿等新鲜蔬菜，现在也堂而皇之地上了山区农民的饭桌，而且比城里人吃的更水灵，更鲜嫩。以峪口镇牛家岭村为例，全村147户，家家都有一块小菜地，新鲜蔬菜一年四季吃都吃不完，到冬天家家还能做百十瓶西红柿酱。生活质量明显提高。以前山区农民由于缺水，不讲卫生，常年不洗衣服不洗澡，衣服直至穿烂为止，身上蚤虱丛生。吃水工程的实施，使农民有了讲卫生的条件。他们也像城里人一样爱讲究，爱打扮了，健康状况得到了很大的提高和改善。

4. 有效地树立了党和政府在群众中的形象，密切了党群、干群以及村与村之间的关系

水，是生命之源，能够吃上清澈的泉水，是山区人民祖祖辈辈的愿望，所以实施人畜吃水工程是生命工程、民心工程、形象工程，是实践“三个代表”的具体体现，是把党和政府的关怀直接送给千家万户的山里人。正像石门焉吃水工程上所贴的一副对联一样“建塔引甘泉全凭世行办，脱贫奔小康紧跟共产党。”道出了山区群众对党和政府的感激之情，是山区群众的共同心声。同时，在项目

实施过程中，项目办工作人员以及农村基层干部时刻牢记人民群众的根本利益，急群众所急，想群众所想，吃苦耐劳，爬山钻沟、流血流汗，找水源，布管道，建水塔，带领群众实施项目工程。在石门焉吃水工程的建设中，项目办工作人员崔海兵连续49天不回家，和群众一起喝井窖水，睡土垒炕。项目办技术人员雷海云，在解决石站头吃水工程时，为安装水泵，忙到晚上八点多，又步行30来里路返回县城，到家已是深夜一点。上曹家山支部书记杨根管，为了实施好吃水工程，把家里的事情全部扔下，一心扑在工程上，进城运材料，舍不得花上一分钱，搭三轮车、啃干饼子，受冻挨饿，没有半句怨言。这些同志的行为，重塑了党的基层干部和机关工作人员的形象，受到了人民群众的拥戴，至今仍深刻印在群众的记忆中。吃水工程的实施，提高了基层干部的威信，消除了干群之间的紧张关系。同时也加强了村与村之间的团结与合作，如：石站头、果则园、南洼、黄草林、上秦家坡、下秦家坡六个村共用一个水源，以前各过各的，互不相干，现在则像一条绳的蚂蚱，一损俱损，一荣俱荣，比以前更加亲密了，来往也更多了，关系也更近了。

人畜吃水工程的实施，改变了山区人民的生活方式，改善了山区人民的生活质量。

丰裕一业　润泽一方

——对芮城县丰润良种奶牛场迅速发展的思考

李振华　山西运城市国际金融组织贷款管理局

丹桂飘香的八月，我们慕名造访了民营企业家赵保银于2001年创办的芮城县丰润奶牛养殖场。该场位于芮城县永乐镇任家村南，是在昔日滔滔黄河水肆虐过的滩涂上建起的一座大型奶牛养殖场。几年来，在市国际金融组织贷款管理局（原世行办）的扶持下，坚持“立足农业，多元开发，造福农民，振兴企业”的经营理念，采取“公司+基地+农户”的运营模式，实施订单农业，在“种、养、加”上做文章。经过丰润员工的艰苦努力，养殖场迅速发展壮大，现拥有5 000亩农场和100亩标准化的养殖场各1座，存栏优种奶牛900余头，年产优质鲜奶2 000余吨，各种机械设备33台（件），资产近2 000万元。其规模之大，集约化程度之高，可谓是芮城县乃至全省南部奶牛养殖的龙头之一。

该养殖场的迅速发展，引发出对利用外资扶持民营企业的思考。

思考之一：要依靠当地政府的大力支持。畜牧业是芮城县八大支柱产业之一，县委、县政府把畜牧养殖作为推进全县农业产业化的突破口，农民脱贫致富的一条主渠道，一项兴县富民的主导产业。在发展规划上提出了发展畜牧业要向草食家畜倾斜的总体思路，将牛奶作为重点发展的优势农产品予以扶持。在该场的创建过程中，县委、县政府主要领导带领有关职能部门多次深入现场办公，积极主动出面协调养殖场占地、用电和道路问题，号召动员全县农民因地制宜地发展奶牛生产，动员倡导学生、老干部及广大群众饮用牛奶，并从县财政资金中拨出专款为学生饮用牛奶予以补贴。政府的这些举措和导向，不仅为牛场的顺利建设提供了政策支持，创优了发展环境，又符合当地社会经济发展战略，满足了当地农民致富的愿望，调整了农业经济结构，推进了农业产业化进程。

思考之二：建立一套科学的发展管理理念。科学发展的理念决定着发展空间的大小。该场自创建以来，始终坚持经营一体化，管理园区化，饲料优质化，品种优良化，循环生态化。经营一体化，就是贮青、饲养、挤奶、繁育、供种、防疫、治疗、销售、综合经营于一体，为养殖户提供产前、产中、产后的全方位服务。由此激发了养殖户的积极性，使全县散养的奶牛达到了3 000余头，年纯增收入1 200余万元。管理园区化就是在百亩大的园区内建有分槽喂养牛舍、自动化挤奶厅、奶牛运动场、饲草场、青贮窑、专门粪便堆积场、化粪池等配套设施。饲料优质化，就是在专家和技术人员的指导下，按照产奶牛、育成牛、犊牛的不同饲料要求，在河滩发展种植玉米笋、紫花苜蓿、雅王8号等优质饲草2万余亩，通过秸秆熟化，大大提高了饲草质量。品种优良化，就是对奶牛种群不断进行更新换代，将牛场初建时的西门塔尔牛全部更新为荷斯坦牛，优化了奶牛群体，提高了产奶质量。循环生态化，就是奶牛养殖带动了芦笋、玉米等相关产业的发展，生产芦笋罐头的下脚料及玉米等农作物的秸秆是奶牛的优质饲料，过去被焚烧的农作物秸秆卖给牛场做饲料，每亩增收150元。既解决了奶牛养殖的饲料来源，又为当地玉米秸秆转化找到了出路，使农业资源得到充分利用，提高了农户收益水平，促进了农户增收。牛场将牛粪无公害化处理后廉价提供给养殖户肥田，不仅减少了化肥投资和使用量，降低了投入成本，而且净化了环境，满足了群众发展设施农业、无公害农业的施肥要求，解决了长期以来困扰养殖业粪便污染问题。从而形成了牧草种植——秸秆加工——奶牛养殖——有机肥还田的良性循环生物链，为生产绿色食品奠定了基础。

思考之三：要立足本地优势，起到拉动辐射作用。龙头企业最大的功效之一就是在于示范和带动。作为芮城县的龙头企业，该养殖场立足当地广润的牧草区域、丰富多样的饲料、无污染的良好生态环境等资源优势，从改变传统的农村经济发展模式出发，以养殖业为切入点，以市场为导向，以农户为基础，以加工企业为龙头，走市场牵龙头，龙头带基地，基地连农户的产业化发展模式，每年向周边农户提供优质良种母犊300余头、带动辐射农户170户、拉动全县养殖业发展的同时也促进了种植业结构的调优调强，玉米、豆类、牧草种植等作物面积目前达到了3万余亩，辐射农户400余户，与此同时，带动了运输、饲料加工、商业及其他行业的发展，转移了农村剩余劳动力，为农户增收开辟了新的途径，起到了产业关联效应。该场从科学发展观角度出发，把发展高产奶牛的规模化、集约化科学饲养作为主攻方向，与县畜牧中心、山西畜牧研究所、山西农大等科研单位建立了长期的技术依托关系，常年聘请专家教授对奶牛的养殖技术进行指导，引进高产奶牛的科学养殖技术，并对技术进行组装配套、示范、推广，全面提升了当地奶牛养殖的技术水平，为全县的奶牛养殖业起到了示范带动作用。

引来活水满目春

李红岩　山西扶贫办外资项目管理中心

山西省吕梁市方山县田家坡村是一个山区小山村，这个村在1995年以前是远近闻名的贫困村，曾经是光秃秃的沟沟梁梁，坑坑洼洼的乡村土路七弯八绕，鸡屎牛粪、枯枝煤面随处可见，衣衫褴褛的老百姓出门不是肩挑背扛，就是牛拉马驮，“吃粮靠返销，用钱靠救济”是这里农民生活的真实写照。而现在你置身其中，就会被村庄的景象所感动。远望山峰叠翠，映入眼帘的田平埂硬、错落有致的机修梯田上庄稼长势喜人；适地栽植、挺拔直立的防护林工程郁郁葱葱；红枣树、核桃树、杏树上果实累累；淤地坝淤积的土地上一洼葱绿、一处莹黄；乡村公路宽直平坦，大汽车、小卧车、农用运输车、摩托车等马达轰鸣。置身村落，那打着耳号、膘肥体壮的母牛正哞哞欢叫；那造型美观、标志醒目的水塔下水花四溅；农居宽敞明亮，家电设施齐全；老人笑逐颜开，小孩欢声笑语，小伙子精神，姑娘、小媳妇靓丽；让你感觉别有洞天。这个村的村长告诉我们，村民的人均收入已在1995年的基础上翻了三番多，到2007年，人均纯收入已达到了3 500元。

其实，方山县田家坡村只是山西省世行贷款扶贫开发项目所覆盖的2市20个县329个乡镇5 771个村的一个村，它的变化只是近2.5万平方公里项目区变化的一个缩影。

世行贷款山西扶贫开发项目从1995年启动实施，2003年全部结束。建设区域包括山西西部吕梁山区和晋南黄河区共20个县，是全国18个集中连片贫困地区之一。项目实施前，由于自然条件恶劣，社会环境封闭，人口素质低下，农业投入不足，农民生活一直处于贫困状态。据1995年末统计，项目区农民人均收入仅为480元，是全省平均水平的75%，吕梁市7个项目县贫困人口为88.4万人，占全市总人口的39%。在改革开放的大背景下，世行贷款山西扶贫开发项目的建设使人们摆脱贫困的愿望变成了现实。

项目总投资16.9亿元人民币，其中利用世行贷款1亿美元，共建成47个子项目。建设浪店水源及灌区配套工程一处，项目内容包括浪店水源工程、尊村浮船泵站及灌区改造、小樊灌区改造三部分；滩涂开发工程完成打井1 682眼、修渠1 682千米、平田整地16 481公顷、道路建设318公里，有227个村、39 017个农户受益；水产养殖工程新建鱼池199.8公顷、改造鱼池333.1公顷、建设鱼种场5.3公顷，有53个村、900个农户受益；完成人畜饮水工程386处，包括提水工程247处、引水工程50处、蓄水工程89处，解决了612个村、47.86万人口、6.01万头大畜的吃水困难问题；乡村公路改造工程共改造乡村公路11条318公里，有645个村、近10万农户受益；共建设机修梯田16 107公顷，有1 167个村、10.3万农户受益；共完成骨干淤地坝和旧坝加固工程141处，控制水土流失面积168.87公顷，新增滩地面积497.13公顷，有116个村、7 638户农户受益；共营造防护林1 677公顷，有109个村、9 088户农户受益；共发展经济林73 914.4公顷，建设家庭苗圃250个，组培育苗中心一处，有3 079个村、17.2万农户受益；共发展日光温室19 344栋，有492个村、17 031户农户受益；共发展农户养牛21 358户、43 166头，养殖奶牛1 000户、2 000头，养鹿1 245户、3 735头，改造乡镇兽医站148处，扩建省精液冷冻中心、运城黄牛改良中心和吕梁液氮站各一处，有2 134个村、23 603户农户受益；共发展各类妇女养殖户6 984户，种植大棚44个，建成“三八”养猪场一座，举办妇女技术培训74期、11 141人次，有205个村，6 984户农户受益；项目完成农副产品加工企业子项目改扩建工程19处，不仅致富了一方农民，还带动了当地的产业发展。

世行贷款山西扶贫开发项目的实施，在区域扶贫攻坚中发挥了巨大的作用，取得了很好的经济效益、生态效益和社会效益。

（1）有效地改善了项目区农业生产条件和农村基础设施，使项目区群众的经济收入得到显著提高，生活质量得到明显改善，为农业生产和社会经济的持续发展奠定了稳定的基础。项目建成的47个子项目都程度不同地改善了农业生产条件。浪店水源及灌区配套工程的建设显著地提高了运城项目区的农业灌溉能力，使4.7万公顷耕地的农作物产量和土地生产力得到大幅提高；机修梯田和滩涂开发工程的大面积建设，从根本上改善了项目区的农业生产条件，促进了土地资源的合理开发和充分利用，有效提高了劳动生产率和土地产出率；经济林、畜牧业及水产养殖项目的实施，实现了项目区农业生产结构的优化和调整；农副产品加工厂的建设和改造，使农副产品得到就地转化升值，丰富了市场供应，增加了农民就业机会，用产业带动了当地农村经济发展；乡村公路改造和人畜吃水工程建设，改善了项目区的基础设施状况，提高了项目区农民群众的生活质量，使项目区群众从封闭的地理环境和落后的生活状况中解脱出来，生产领域和社会交往环境明显拓宽，为他们增长见识、提高素质创造了条件。妇女项目的实施，使项目区广大农村妇女从家庭走向社会，不仅掌握了劳动技能，增加了经济收入，而且提高了自身经济地位和社会地位，在社会经济生活中发挥出了越来越重要的作用。

（2）拓宽了项目区农民生产活动的范围和内容，使项目区过剩的农村劳动力找到了与之相结合的生产资料，增加了劳动就业机会。根据项目调研和跟踪监测数据统计，项目的实施促进了项目区由单一封闭的自然经济向市场经济的转化，加快了项目区劳动力转移步伐，促进了当地农业产业结构调整，使项目区农民逐步融入到了市场经济的洪流之中。特别是项目扶持的部分农副产品加工企业更是成为带动当地群众增加收入，实现农副产品加工增值的产业带动龙头企业，有些产品还打入国际市场，实现了出口创汇。

（3）减少了项目区水土流失，发挥了显著的生态效益，使项目区农业资源得到合理开发和综合利用。项目建设在改善项目区农业生产条件和基础设施状况的同时，通过营造防护林和经济林、建设机修梯田和淤地坝、开辟候鸟保护区等生态环境工程，使项目区的水土流失情况得到有效控制，森林覆盖率逐步增加，农业资源得到合理开发和综合利用，达到了涵养水源、调节气候、促进项目区农业生态环境改善的良性循环效果，有力地为项目区群众营造出良好的生产生活环境，从长远上保证了项目区农业生产的可持续发展和群众生活质量的逐步提高。

（4）实现了对项目区资金、技术和管理等各种资源要素的整合投入，对促进项目区经济社会发展发挥了重要作用。项目所覆盖的运城、吕梁两大项目区，前者是我省粮食、棉花等农产品主产区，后者是我省贫困程度最严重的地区。世行贷款山西扶贫开发项目启动前，农业发展资金投入不足和落后的生产管理技术一直制约着当地农业生产效益的提高和扶贫开发工作的进程。世行贷款山西扶贫开发项目在引进和使用世行贷款的同时，启动了地方、集体和农户多层次、多方式的配套资金投入，有效地弥补了项目区农业发展资金的不足。如此集中的资金投入，在项目区农业发展史上是从来没有过的。与此同时，在项目建设过程中，大量引进和吸收了国内外先进的农业生产技术，促进了项目区农业科技的进步和优质高效农业的发展；各级项目管理人员通过培训、学习和考察等多种途径，将许多先进的管理方法和经验逐步运用到组织工程实施和进行项目管理的过程中，为全方位促进项目区社会经济发展注入了长远的生机和活力。

引来活水满目春。如今，全省项目区的村民和方山县田家坡村的村民一样正向着小康生活的目标迈进，贫穷、愚昧、落后再也不是他们的代名词。在项目区2.5万平方公里的土地上，依托着项目工程，他们在收获果实的同时，也在收获着喜悦，收获着幸福，收获着对未来生活的憧憬和希望。

奇迹是这样创造的

杨继跃　山西运城市国际金融组织贷款管理局

谁也不曾想到，一个农产品加工企业会有如此顽强的生命力。1998年，山西省先后有98家蔬菜加工企业上马，后来由于种种原因，许多企业纷纷停产转产，到目前仅剩下山西维泰食品公司一家，这不能不说是一个奇迹。

隆冬时节，我们走进这个距离闻喜县城3公里处的现代化蔬菜加工企业，走进厂区便能听到隆隆机器声，运送蔬菜的农用车辆川流不息，一派繁荣景象。据介绍，这里共有两条达到国内先进水平，年产4 000吨的蔬菜速冻生产线，一条年产1 000吨的脱水蔬菜生产线，两座库容为1 000吨的冷库和恒温库，一座高标准微生物化验室。每年可生产脱水蔬菜、速冻蔬菜4 000吨。尤其是高档脱水蔬菜芦笋粉、小管葱、青红甜椒以及芹菜、菠菜、胡萝卜等，在欧美市场和日本、韩国等东南亚市场十分走俏，产品供不应求。

在公司我们见到董事长兼总经理刘云生，他虽已年过半百，但精神矍铄，目光里充满了自信。当我们问到企业的发展历程时，他动情地说：我们企业能够从无到有、从小到大，发展到今天，离不开世行办的扶持，他们在关键时刻对我们实行资金倾斜，才使我们的企业绝处逢生，一步步壮大起来。

一

闻喜是一个传统农业县，长期以来，农业生产基本上是粗放经营，农民追求的只是解决温饱问题。改革开放以后，随着农业生产结构的调整，农村正在由传统农业向现代化农业转变，因此，该县的蔬菜种植面积逐年增加，产量也越来越高。然而带来的又一个问题是，由于市场容量有限，农民辛辛苦苦种植的蔬菜常常因为没有销路而犯愁，有的新鲜蔬菜堆积如山，无人问津，眼看着一天天烂掉。有一年，仅张仪村就将 13 万斤蔬菜沤了粪。菜农晋天合两亩地生产的一万斤蔬菜分文未收，还将 500 多元的农药、化肥和种子白白搭赔了进去。

1993 年，闻喜下阴乡办起了一个蔬菜加工企业——闻喜绿色食品厂，这个企业就是山西维泰食业公司的前身。当时，他们建厂的初衷就是为了解决卖菜难的问题，为农民排忧解难。他们把农民卖不出去的蔬菜收购后，通过烘烤加工，以便长期存放，不至于在短期内腐败烂掉，使菜农蒙受损失。

建厂当年，他们就加工蔬菜 100 多万斤，缓解了周围几个自然村蔬菜积压的问题，使菜农得到了实惠，看到了希望。但是，由于企业刚刚起步，加工生产能力有限，仍无法满足广大菜农的迫切要求。每逢蔬菜生产旺季，农民给企业送菜的拖拉机、蹦蹦车排成了长队，甚至有的人到县上找领导、托关系，想方设法把自己的蔬菜推销出去。因此，人们纷纷要求企业扩大规模，敞开收购，提高蔬菜加工能力。

更新设备，扩大规模是菜农的期盼，也是企业的期盼。然而，巧妇难为无米之炊。没有资金保证，一切都是空谈。按照当时的估算，购设备、建厂房，至少需要数百万元，这对于企业来说，无疑是个天文数字。为了筹集资金，在县、乡各级领导的重视下，也曾经给予企业在政策上的优惠。农行、信用社以及农村基金会也给予了支持。但是由于银根紧缩，受贷款规模的限制，仍然难以满足企业大规模改造的需要。

也可能是一种机缘，1995 年，刚刚成立不久的闻喜县世行办，他们从扶持农业生产，增加农民收入这一新的视觉出发，把扶持的目标和重心选定在推动农副产品的深加工上。当他们得知企业因苦于缺乏资金，而无法完成改造扩建工程的情况后，随即深入企业经过反复考察论证，最后通过贷款方式，给企业注入了700多万元资金，为企业的发展奠定了坚实的基础。

二

1996年，绿色食品厂扩建改造工程开始建设，县市两级世行办的领导亲临现场，为工程项目培土奠基。为了确保工程质量，大型车间的基建项目从图纸、设计到工程招标，层层进行严格把关。在施工过程中，世行办派员现场指导监督，对保证工程质量和进度起到了促进作用。在引进设备时，他们又同企业一起研究技术资料，分析市场形势，选定了当时最先进的蔬菜加工生产线。

1998年，绿色食品厂完成了设备的更新换代，员工由过去的50人，增加到500多人，固定资产达到2 300万元。绿色食品厂从此改名为山西维泰食业公司，产品由原来单一的烘烤、冷冻加工发展为速冻、脱水蔬菜综合加工企业，年生产规模达到4 000多万吨，相当于改造前的40倍，产品直接向美国、日本、韩国等国际市场销售，成为名副其实的外向型农副产品加工企业。

然而，命运多舛。应该说，公司经过改造以后，有设备、有技术、有人员，原料不愁，销售顺畅。正当他们充满信心，准备大干的时候，2000年一场金融风波降临了。由于企业生产的脱水蔬菜主要面对的是国际市场，受金融风波的影响，市场汇价产生剧烈的波动。面对这一趋势，产品出口受阻，库房里积压的产品变不成商品，最多的时候，积压的产品价值达到1 000多万元。

金融风波刚刚平息，2003年一场突如其来的“非典疫情”遍及全国各地，世界卫生组织对我国的食品质量发出红色警告，这就预示着维泰食业公司加工生产的系列蔬菜，又一次失去了市场。产品销售不出去，公司不得不停产放假，人去楼空，企业面临倒闭。更重要的是，由于企业没有效益，收购回农民的蔬菜款无法兑付，上门讨赔的菜农接踵而来。

总经理刘云生不愧是条硬汉，没有被眼前的困难击倒，他不想让这个关乎到千家万户老百姓利益的企业毁在自己手里，为了恢复元气，东山再起，他再次找到世行办，世行办的同志听完他的汇报，心情既沉重又同情，认为如果在这紧急关头不再扶持一把，这个企业必定难以生存，这就意味着前次曾经贷出的700多万元资金也将付之东流。就这样，为了帮助企业渡过难关，世行办又一次冒着风险，将150万元的贷款指标划拨到了山西维泰食业有限公司。

三

山穷水尽疑无路，柳暗花明又一村。经过风雨洗礼的山西维泰食业有限公司，在社会各界的关怀下，在企业干部员工的共同努力下，终于迎来了一片曙光。如今，山西维泰食业公司蔬菜加工能力和产品质量在逐年提高。2007年产值有望达到3 000多万元，可创外汇400多万元，出现了淡季不淡，旺季更旺的喜人景象。

企业一头连着市场，一头连着农户，在企业发展的过程中，农民也从企业利润的链条上直接获益。随着蔬菜加工能力的提高，带动了周边农村1 000多亩蔬菜基地的发展。为了让利于农民，企业销售收入的65%都属于原料款，也就是说，每年农民可以从中得到1 000多万元的实惠。刘云生总经理给我们估算了一笔账，他说："就企业现有的原料收购价格，芦笋每亩产500公斤，每公斤收购价为8元，合计每亩收入4 000元，胡萝卜属于早熟产品，每年7月份下种，10月份即可成熟，三个月时间亩产可达2 000公斤，每公斤收购价为5角钱，平均每亩收益也在1 000元左右。"

目前，公司在全县8个乡镇建设了3 000亩原料供应基地，实行统一管理，统一供应良种，统一技术指导，统一治虫和保证收购。同时，还与6 000多个农户签订了供货合同，实行合同种植，订单收购，保证了农民利益不受损失。

据刘云生总经理讲，现在企业平均每天有300多名员工，到了蔬菜加工旺季员工可达800人左右。这些员工大都是来自待业青年、下岗人员和当地的农民，每年仅支付给员工的工资就达260万元，无疑给他们提供了一条就业门路和生财之道。除此而外，还促进和带动了当地农村相关产业和运输业的发展。因此，维泰食业有限公司成了当地老百姓心目中的“香饽饽”，被人们誉为“阳光企业”。

山西维泰食业公司实践证明，为农业服务，为农民利益着想的企业，是个有生命力的企业。在成长的道路上，尽管有挫折、有坎坷，但只要按照科学发展观办事，任何奇迹都是可以创造的。随着企业的发展壮大，对于增加农民收入，增强农业的后续效益，促进农业经济结构调整和维护社会的和谐稳定，都将发挥着重要作用。因此，企业受到了社会各界的广泛关注，曾先后被省、市、县各级人民政府授予“明星企业”称号，董事长刘云生先后被评为“山西省富民标兵”“山西省百家科技兴农企业”。

收获感动

李玉琴　山西运城市国际金融组织贷款管理局

金秋时节，一个阳光明媚的日子，为了解世行贷款农业扶贫项目的运行情况，我来到了临猗庙上一带。

一路上形形色色、大大小小的车辆南来北往，使我突然想起儿时老师讲到的“车水马龙、一片繁荣”，那时总也不理解，眼前的情景也许是最好的诠释吧。走近小镇更让人感受到胜似集市的忙碌和热闹。大路两边外地果商的大货车整齐有序地排列着；农用三轮、四轮、摩托车见缝插针，不停地穿梭；挎着篮子，提着口袋的老农更是来去匆匆。靠近一辆大货车，我停下脚，凑上前去，看到地上堆着像小山一样的青枣，十来个农村妇女正围着装箱，身后一箱箱成品已堆得有近两米高，我纳闷地问：“老乡，这枣不是还青着呢？怎么就急着卖呢？”老乡抬头看了我一眼，“这是冬枣，现在可是香饽饽，再迟了就抢不到啦。”说完顺手扔给我几个，便又不停地忙活起来。我把这几个圆嘟嘟光溜溜的青枣攒在手心，看了又看，下意识地拿了一个，尝了一口，那个脆，那个甜，那个爽，真是让人回味无穷，本还想和老乡搭讪，当地项目办的同志说：“这都是咱们的项目，上地里去看看吧。”于是，我便带着几份不舍离开了这个小镇。

小车在乡间小道上前行，迎面送来阵阵凉风，带着泥土的芬芳，带着瓜果的清香，顿觉无限的惬意在心中荡漾。车窗外，苹果压弯了枝，柿子羞红了脸，石榴笑开了嘴，好一个丰收的景象。在一个热闹非凡的地头，我们停了下来，举目望去，无边的枣林，让人心旷神怡。走近枣林，那挂满果实的枣树频频向你展示。一颗树上，叶子倒是寥寥无几，却密密麻麻地布满果实，让我好生稀奇。果农告诉我，项目办的同志每年请农学院的专家们给他们传授管理技术，他们现在栽植的这种冬枣，产量高、质量好、市场需求量大、价格也可观。我们看到他们在地头与果商交易，好点的卖到6元一斤，一般也在4元一斤左右，每亩地好的收入3 000斤左右，一般也在2 000斤上下，这样算来农民每亩收入在万元上下。当初这里的农民利用世行贷款购买枣树苗，每亩需300元，每户贷款一千到三千不等。几年过去了，这里的农民不但提前还清了所有的贷款，而且家家户户盖起了洋楼，电视、电话、手机已经不再是什么奢侈品，你可以随处看到地头的农妇在用手机和老公商量价格。农民富了，农村变了，世行扶贫项目带给农民的是硕果累累的枣林、是越来越鼓的钱袋、更是种在心里的那种自信和写在脸上的那份灿烂的笑容。

是的，农民增收了，他们在收获果实的同时，收获着希望。农业扶贫开发项目成功了，我们在收获经验的同时，收获着感动。正是心存这份感动，一批又一批的世行人在这个平凡而又特殊的岗位上，无怨无悔，奋力前行。

世行项目引领我们走富路

——方山县田家坡实施世行项目脱贫致富纪实

白文平　山西吕梁市世行项目办

位于方山县峪口段209国道的横泉水库大坝下方处，2002年几个月间便建起了四排76套246间新房。整齐的砖房、宽敞的农家小院，使许多过路人见后眼馋，这就是过去全方山县穷得出了名的峪口镇田家坡移民新村。在不知情的人们心目中，认为该村是政府、国家出钱建房，但实际上，田家坡移民新村政府仅按人口补助1 000元，只解决宅基地的部分，大部分的资金是靠村民自筹的。

原来的田家坡位于峪口镇的一个小山沟，全村有96户人家，373口人，分散居住在距今10多里的10个自然村，大的自然村也只百余人，最小的自然村仅有2个村民。交通不便，吃水困难，山高坡陡，水土流失严重，贫穷落后长期困扰着全体村民，1996年全村人均收入不到300元。

1995年世行贷款吕梁地区扶贫开发项目的确定，为吕梁地区广大农民脱贫致富带来了希望，随之幸运之星也降到了田家坡全体村民的头上。1996年至1998年，我们在田家坡投资打井1眼，安装水泵1台，铺设输水管道9 500米，全村373人全部吃上自来水，解决了全村人畜吃水困难的问题。1997年修筑机修梯田1 350亩，目前，全村人均机修梯田3.6亩，整修了进村10里道路，机修的同时修好了田间道路。由于生活和生产条件的改善，广大村民开始了调整种植结构，这里是本县种植山药的冷凉区，过去由于运输困难，村民长期以来不敢大面积种植山药，只能种植一些低产的小杂粮，年均亩产只有百余斤。自从修了梯田有了田间道路，全村山药种植面积由原来的150亩扩大到1 000亩。2002年全村1350亩机修梯田中有1 000亩种植山药，随着土壤的熟化，山药亩产也由原来的2 000多斤达到全村平均亩产3 000斤，最高的亩产达到4 000斤，全村2002年仅山药一项就可达到300多万斤。按市场价每斤0.18元计算，仅山药一项全村收入54万元，人均收入1 447.8元。村主任张润旺全家6口人，种植山药27亩，产山药70 000多斤。仅山药一项就可收入12 600元，人均2 100元。

群众收入增加了，靠的就是世行项目，是世行项目为他们通了水，修了机修梯田，才使他们增产增收，生产条件的改变，人们生活才能逐步富裕。正是村民对居住环境改变欲望越来越高，2001年方山县政府号召开展移民并村来改变村民生存条件，政府移民扶贫政策为逐年富裕起来的田家坡广大村民送来了春风。但是钱从哪里来？是政府、国家给还是村民自己的，经过广大村民要求和村委的申请，方山县政府确定2002年新建田家坡移民新村，但是只解决土地征用并每人补助1 000元，而这1 000元还不够平田整地，每户宅基地平整就需要5 500元，广大村民表示政府给我们提供这样的机会我们不能错过。说建就建，短短一年功夫，移居新房建成全部住进了新房。据介绍，76套新房，每套建筑面积120平方米，一套住房平均投资35 000元，全村76套仅就需266万元，到目前只有10余户村民有少量借款。这些钱从哪来，是世行项目的实施，种植结构的调整，才使他们逐年富裕起来，才有了积蓄。世行项目的实施也为该村带来了先进的管理理念，学会了先进的管理经验，在建设新村时，当设计完成后，村委和支部通过四个有关部门和设计人员精打细算，单位面积土建投资为140元，而通过投标竞标，最后由峪口镇某工程队中标，建筑投资由140元降到115元，全村76套共计节约投资26.448万元。村民们高兴地说：世行项目为我们挣钱还教会我们如何花钱，我们住新房全靠世行项目走上了致富路，是世行项目帮助我们建起了新村，住进了新房。

近几年，田家坡村生产、生活条件得到了进一步改善，村民的经济收入明显提高。恰逢国家建设横泉水库，村里家家户户将空房租赁给工队，据村主任介绍，全村房屋租赁 14 万元，村民就近打工可收入 10 万元，另外村里开了 10 多个小卖部、加上 10 余户跑三轮运输的又可增收 20 万元，全村农民人均收入已突破 3 000元。

世行贷款山西扶贫项目妇女子项目对贫困妇女的影响

樊彩英　山西扶贫办外资项目管理中心

“我叫吴建平，离石市西属巴街道办上安村人，今年 52 岁，有四个子女，大女儿去年刚有工作，当了教师，剩下三个孩子都在上学，其中二女儿吴掩弟于 2005 年 12 月从山西医科大学汾阳学院考上研究生赴新加坡留学，我本人身体一直不好，干不了重活，还要供三个孩子上学，经济一直很困难。家庭日常开支主要依靠妻子梁娥清在家务农所得，其中温室大棚年收入约 2 万元；正常情况养猪每年也会有近万元的收入。我们一家人非常感谢政府和世界银行，要不是世界银行的贷款和咱政府的扶持，给我们资金建了大棚，我真不知该怎么养大这几个孩子，更不用说送孩子出国留学了……”这位看上去比实际年龄大了许多的农民事实上说出了世行贷款山西扶贫项目 555 万受益者的心声。在我们对项目区的实地调查中，类似的故事比比皆是。

一、世行贷款山西扶贫项目妇女子项目实施概况

在山西扶贫项目准备过程中，专门将吕梁妇女项目作为整个项目建设的一个重要组成部分，由项目区妇联采取滚动发展、连环脱贫的办法，组织妇女开展技术培训，发展家庭养殖。最初只在吕梁项目区设计了 2 460个妇女养殖户，总投资仅 670 多万元。

项目实施 3 年后，中期调整时，世行检查团实地检查后发现该

子项目运行非常成功，决定加大投资，扩大规模。其中吕梁项目区保留了“三八”养殖场建设内容，发展妇女养殖户由2 460户调整为4 000户，举办妇女技术培训由44期调整为70期，新增妇女种植大棚44个，项目投资由673.4万元增加为1 100万元；运城项目区新增妇女养殖户2 600户，调整安排投资2 600万元。整个妇女养殖项目投资由673.4万元调整为3 700万元，占调整后项目总投资的2.18%。经过7年的实施，妇女子项目共计发展各类妇女养殖户6 984户，种植大棚44个，建成“三八”养猪场一座，举办妇女技术培训74期、11 141人次，有205个村，6 984个农户受益。其中吕梁项目区发展养猪1 946户、11 819头，养鸡618户、370 580只，养兔1 820户、12 860只，种植大棚44个，建成“三八”养猪场一座，举办妇女技术培训74期、11 141人次；运城项目区发展养牛2 000户、4 000头、养羊600户、4 200只。整个妇女养殖项目共完成投资3 733.59万元，完成原计划目标的554.77%，占调整后目标的100.91%，其中运城项目区完成投资2 433.97万元，占调整后目标93.61%；吕梁项目区完成投资1 299.62万元，完成原计划目标的193.11%，占调整后目标的118.15%。

妇女项目的实施，帮助广大妇女掌握了养殖技术，创造了就业机会，使她们成为懂科学，善经营的养殖能手，发挥了农村妇女的潜力，提高了农村妇女的社会地位和经济地位，推动了农村经济的发展，取得明显的经济效益和广泛的社会影响，成为山西扶贫项目建设的一大亮点，受到世行专家的好评。

二、世行贷款山西扶贫项目妇女子项目实施对项目区妇女的影响

与世行贷款山西扶贫项目其他子项目相比，妇女子项目无论从实施规模还是投资额度都是最小的，然而其成功实施却对项目区的贫困妇女意义非凡。

1. 妇女项目的实施显著提高了贫困妇女的经济地位和社会地位

以吕梁项目区妇女养殖项目为例，7 个项目县（市）利用世行贷款发展的养猪户年平均可为家庭增加收入 700 元，1 946户养猪户每年共增加收入 136.2 万元；养鸡户年平均可为家庭增加收入 1 980元，618 户养鸡户每年共增加收入 122.5 万元；养兔户年平均可为家庭增加收入 1 200元，1 820户养兔户每年共增加收入 218.4 万元，18 户养羊户每年可增加收入 7 万元，44 户种植蔬菜大棚每年平均增加收入 26.4 万元，仅妇女项目一年就可为吕梁项目区增加经济收入 508.7 万元。通过参与山西扶贫项目建设，项目区广大贫困妇女不仅解决了温饱，脱贫脱愚，而且还在经济上、社会上和意识形态上得到了自我解放。一方面妇女从项目中得到了实惠，增加了收入，改善了生活，提高了经济地位和家庭地位。另一方面妇女通过项目的实施更新了观念、提高了素质，冲破了封闭和愚昧的束缚，增加了参与各种社会活动的机会，提高了社会地位。不少原来在家庭和社区都没有话语权的农村妇女甚至成为当地脱贫致富的带头人。离石市的巩润兰从 1996 年起利用世行贷款发展养猪，通过参加世行项目提供的培训，她很快就掌握了技术，仅养猪一项累计为家庭增收 10 万元。同时，通过接受项目培训，人也变得非常自信，原来不敢在人前讲话的她经常为周围十里八乡的群众义务服务，讲解技术，帮助带动了一大批农户通过养猪脱了贫，致了富。

2. 妇女项目的实施极大地推动了贫困妇女参与经济社会发展的进程

山西扶贫项目区的妇女劳动力在劳动力总数中的比例接近 50%，是山西扶贫项目建设的重要参与力量。因此，在项目建设内容的设计上充分注意到让妇女直接参与项目实施并从中受益的因素，依托吕梁地区妇联，借鉴连环脱贫经验，在吕梁项目区专门安排了以生产技术培训和家庭养殖为主的妇女项目，取得很好的项目建设效果。此外，项目区妇女还直接参与了畜牧养殖、日光温室、经济林等项目的实施，有些妇女还被吸收到在农产品加工企业中就业，直接获得工资报酬。在项目建设过程中，大约有 40% 以上的妇女参加了各种形式的技术培训和项目实施，从而使广大妇女通过直接参与项目实施，提高了生产技能，增加了经济收入；同时，项目建设的成果也给妇女带来积极有益的影响，比如：人畜饮水工程的建设，减轻了妇女的家务负担，改善了家庭卫生状况，解决了妇女生活和生产中的实际困难，开拓出新的生产致富门路。二者的共同作用，提高了项目区妇女的经济地位和社会地位，扩大了妇女的社会影响，推动了妇女参与经济社会发展的进程。

3. 妇女项目的实施为贫困地区妇女脱贫致富起了示范作用

养猪专业户张爱兰通过项目贷款养猪致富后，不忘身边仍然处在贫困中的姐妹们，一环带一环，帮助她们共同走上致富路。7 年来仅她一人就直接带动了 400 户妇女养猪脱贫。

妇女项目资助临县玉坪乡玉坪村的 16 户妇女 5 万元，发展养鸡业，她们引用高科技绿色饲料饲养雏鸡，鸡蛋营养价值高，仔鸡和鸡蛋供不应求。自己富了以后，她们没有忘记身边的邻里乡亲，经常免费为周围的妇女们提供养鸡技术，运用自己在培训中学到的知识详细解答她们提出的任何问题。周围的妇女们在她们的带动下争先恐后盖起鸡舍，预订仔鸡，目前已经发展成为全县较大规模的养鸡专业村。

看到昔日境况相同的姐妹们如今陆续通过项目脱了贫，其他非项目户的妇女们也纷纷效仿，找上门来要求获得贷款，接受技术指导。到 2003 年底，吕梁妇女项目通过示范帮带滚动发展，共培养种、养、加示范户 2 万户，发展种植、养殖户 9.8 万户，带动部分项目村 80% 以上的妇女参与了项目的实施，有 30 万贫困人口因此受益。

三、妇女项目实施的成功经验可为以后的内、外资扶贫项目所借鉴

妇女项目通过当地妇联组织，运用农户富带穷、穷变富、富再带穷的连环方式滚动发展，同时，贷款扶贫资金采取一次投入，循

环使用，滚动增值的方式，不仅直接帮助项目区共6 600户约3万余人提高了收入，脱贫致富，而且连续几年保持着97%以上的高返还率，为贫困地区的广大妇女在自我发展方面起到了示范作用。妇女项目的成功之处在于将扶贫政策目标瞄准贫困户的妇女，通过组织、引导、资金支持和技术服务，有效地发掘出贫困地区妇女队伍在经济发展中的独特作用。与此同时，也极大地提高了贫困地区人力资源的素质与存量，为长期发展奠定了基础。妇女项目所运用的独特的连环脱贫模式开创了贫困地区性别发展的新模式，如果借鉴孟加拉国的乡村银行经验，再进一步加以完善，可为以后的内、外资扶贫项目所借鉴推广。

杨村的一天

崔彦平　山西夏县世行办

四月，对杨村人来说，既是春光明媚的时节，又是收获希望的季节。

晨雾尚未散尽，朝霞刚刚露出第一抹红晕，犹如开锅的热水一般，整个杨村沸腾起来。袅袅炊烟盘旋而起，出屋关门声、机动车辆发动机的轰鸣声、村人互相吆喝声、谈笑声和纷乱匆忙的脚步声，各种声响混成一片，犹如一首奇妙和谐的清晨交响乐。有人不禁要问，他们大清早这是干什么去呀？去开会还是去赶集？当你看到车流、人流涌进一片整齐漂亮的大棚中；当你看到路口竖有“世行贷款杨村日光温室基地”标志牌时，你就会恍然大悟。噢，这是杨村人利用世行贷款争取脱贫致富而努力的一个既平凡又普通的一天。

“刷……刷……”掀棚的声音此起彼伏，伴随着欢呼声，人们纷纷钻进自家的大棚。经过一夜的酝酿，棚内一片生机勃勃的景象：苍翠欲滴的植物如绿色的海洋，阳光洒在叶子上泛出金色的光芒，给人一种如梦如幻的感觉；饱满的果实如繁星点点，掩映其中，鲜红光亮的西红柿、粗壮修长的黄瓜、玲珑碧翠的辣椒……泥土的气息和蔬菜的清香混合成的芬香，沁人肺腑，让人陶醉。

杨村人迈着轻快的步子，哼着欢快的调子，穿梭在自家的大棚间，或挎着篮子，或提着袋子，或拿着箱子，小心翼翼却又十分娴熟地采摘下成熟的蔬菜，一箱箱、一篮篮、一袋袋，满载着人们丰收的希望和欢乐，装在三轮上，搭在自行车和摩托车的两侧，或堆放在大棚的旁边。男人和女人们脸上都淌着汗、双手沾满了泥巴，衣服湿透了贴在身上，但没有人在乎，进进出出忙着伺弄宝贝一样的蔬菜，整个场面就好像在挖掘一座取之不尽，用之不竭的宝藏！

接近正午时分，不知是谁大声喊了一声：走啦，发菜去喽！顿时，满载着蔬菜的三轮车、摩托车和自行车，在人们相互吆喝和欢笑声中，迅速形成一股洪流，一路向离大棚基地仅有500米距离的蔬菜批发市场涌去。

走进市场，你会惊奇地发现，占地10亩的蔬菜批发市场，设施一应俱全，水泥铺就的场地，近400平方米的交易大厅，十几台摆放的整整齐齐的磅秤。交易大厅外停放着从三门峡、大同、太原来的大货车，市场四周一间间窗明几净的门面房，有的是商店，有的是饭馆，有的是理发厅，林林总总，让人犹如身置大城市批发市场之感。

随着车流和人流的不断涌入，市场的气氛迅速升温，人头攒动，人声鼎沸，过磅声、讨价还价声、卸车装货声，不绝于耳，热闹之极。一堆堆蔬菜经过分级装箱、过磅、装车、结算，换回一沓又一沓的钞票，人们三一群五一伙地聚在一起，兴奋地交谈今天各自的收获。一个声音飘过来：你今天才卖了100元，我可卖了200元，照这样下去，不出一个月我就能还清今年世行贷款利息啦！哈哈哈！另一个声音飘了过来：呀，余下的再娶个老婆也够啦！哗，人群立刻爆发一片开心的轰笑声。

天边的夕阳慢慢地沉了下去，当拉菜的最后一辆大货车驶出市场，人们才按捺住心中的喜悦慢慢地散去。整个杨村又恢复了平静。但你只要仔细倾听，就能听到杨村的上空是一片欢笑声，似乎穿透夜幕的阻隔，传的很远、很远……

夜　路

张迎捷　刘爱国　运城市国际金融组织贷款管理局

时光要追溯到公元 1998 年 8 月的一天，山西世行贷款扶贫项目运城报账工作在太原进行。就是这次报账，为了省一天的世行贷款利息，一个在世行贷款工作中极其普通的一次夜路竟被我无意之中收藏成了永久的记忆。

在一个有稍点凉意但整个空气中还弥漫着炎热的早晨，运城市世行办主任刘峰及财务科的几位同志坐上小刘师傅驾驶的桑塔那轿车行驶在去省会太原的路上。那时，去太原的高速公路还在想象中，只有一条已运行十多年，不堪重负、坑坑洼洼的二级路能通往目的地。经过三个多小时的颠簸，我们到达霍县（运城至太原必经的一个小县），稍事休息填饱肚子，又匆匆赶路，终于于五点三十分到达省会太原。

在太原的几天里，财务科的几位同志与省项目办的同志加班加点审核报账资料，经过几天的日夜奋战，报账资料顺利通过省项目办的审核，并于星期五的下午递交到省财政厅国际处（原外债处），下午赶在六点银行下班前，五千万元的银行汇票已经顺利地写上了运城市世行办的名称。刘峰主任办事从来都是雷厉风行、果断明快、睿智机敏，当即下令连夜赶回运城，因为当时银行星期六只在早上上班，所以我们必须赶在星期六早上八点钟将汇票送到银行，进入我们的账户。五千万元哪，耽误一天就是好几千元的贷款利息，为了省下这几千元的贷款利息，我们几个人顾不上炎热带给我们的烦躁不安和事情办成后彻底放松的昏昏欲睡，顾不上司机小刘师傅连续几天的奔波是否疲惫，简单地吃完便饭，与省项目办的同志对工作做了简短的交流，稍加整理休息，晚上十点整开始了我们长达近十个小时的返程之旅。

初秋的夜晚略感凉爽，一缕月光泻过车窗，两边的万家灯火忽隐忽现。公路上人不多，车更少，只有零星行路的车灯与偶尔的喇叭声与我们做伴。刚开始，我们几个人还是精神百倍，谈笑风生，聊天猜谜。渐渐的，阵阵疲倦向我袭来，但我看到刘峰主任还是以四十七岁年龄特有的机警和敏锐克制着自己浓浓的睡意，眼睛密切注视着路面。运城至太原的二级公路，天亮不觉什么，夜里却另有一番情趣，白天挺温柔的转弯，挺不起眼的小坑、路边感叹号的标志等等在晚上、在车灯的照射下尽显威严。两道微弱的车灯光牵引着我们在颠簸不平，仅能容两辆车并排过的公路上绕来绕去。偶尔，向右侧望一眼，漆黑的什么也看不见，只知道那是十几米的坑谷。伴随着发动机狼狈的呻吟，我的呼吸也变得急促，但看着小刘师傅镇定自若的表情、炯炯有神的目光、配合默契的手脚，我的心情略感放松，不一会，我就在车子摇篮般的颠簸中，美美的睡着了。一觉醒来，觉得闻到一股浓浓的香烟味，才发现刘峰主任和小刘师傅一人一支烟，眼睛聚精会神地盯着路的前方。我知道，已深夜一点多了，他们那是用烟来提神呀！可此时才走了不到一半的路，何况前面还有一段段的路在修，坑坑洼洼，不是烂泥巴路，就是碎石子路，开快了车的震动起伏就会非常大，而且不小心的话就会刮蹭底盘。只见小刘师傅小心翼翼地开着车，车速开的很慢，不时还有一些司机抢道造成堵车，堵在烂泥巴路里面，看到旁边一辆辆比山还高的大货车摇摇晃晃的从我们的小车旁经过，时不时地带起一些泥巴飞到我们的车上，我们坐在车里，又惊又累，还要担心旁边货车上的东西随便掉一件下来，我们都是小命不保（很多货车运的都是什么小汽车呀、巨型的钢轴、锅炉等，样样都比我们的车大），偶尔还有拉煤、拉石子的货车从旁边经过，捎带掉下一块煤或石子，砸到车上，都是一个坑。就这样，在摇摇晃晃中，我又迷糊了，猛然睁开眼一看表已深夜三点，“现在到哪啦?”我问小刘，只见小刘一个激灵，抹了一下脸，定了一下神，看了一下漆黑的外面，半天才小声对我说“估计到候马了，我刚才可能迷糊了，这一截都不知道咋开过来的。”我的妈哟，一边是陡峭的山坡，一边是十几米的山沟，一个不留神，……司机迷糊了，想都不敢想了。“咱们歇一会儿再走吧”刘局长发话了，车停稳后，不到两分钟，均匀的呼吸声传来，侧头一看，老刘和小刘都靠在椅背上睡着了，只见后背和裤子上湿湿的印上了“地图”，脸上亮晶晶的也不知是汗水还是渗出的油……

事情已过去近十年了，每每想起这一次夜路，都会有一种后怕、有一种庆幸，但更多的却是一种强烈的责任心、浓浓的世行情在温暖着我，激励着我。

走进特色“小区”

——盐湖区益农奶牛养殖小区发展探寻

张迎捷　山西运城市国际金融组织贷款管理局

阳春三月，一个充满生机的季节如期而至。我们淋浴着和煦的春风，走近了一个春色满园、生机盎然的由世行项目扶持的企业盐湖区益农奶牛养殖小区。

小区位于盐湖区席张乡一个偏僻山脚下的荒滩上，面积约100亩，这里环境幽雅，空气清新，距离运城市区中心大约70公里，养殖中心占地40余亩。一进小区大门，只见300多头健硕壮美的奶牛正在场地上或卧或站或悠闲地散着步晒着太阳，好不惬意。小区内还建有干草储藏室、青储室、精饲料加工房、先进的机械化挤奶室，配套设施齐全，牛舍清洁卫生。挤奶时间到了，小区的奶牛会以牛舍为单位，每几十头一批在饲养员的吆喝下自觉按照既定路线鱼贯而行，又自觉地一头牛占据一台挤奶器，奶牛们站在那里悠闲地摇动着尾巴，饲养员迅速给每头奶牛的乳头进行清洗、消毒，然后将挤奶器吸头套在乳头上，鲜亮的牛奶便顺着塑料管汩汩地流进一个个标有刻度的大玻璃容器中，整个挤奶过程十分卫生、快捷。

一个企业真正的魅力在于鲜明特色。特色是张扬的个性，是响亮的品牌，特色是历史的传承，是现实的创新。我们围绕着益农奶牛养殖小区的经营之道，探寻了其特色之路。

特色之一：小区建设规范化、标准化、现代化。

奶牛养殖小区内水、电、路等设施齐备；栏舍、牛床、运动场地等符合奶牛饲养要求；饲养、机械挤奶、消毒设施、兽医室等附属设施完善；聘用专业技术员开展繁殖配种、草料开发、疫病防治、鲜奶收购等系列服务。按现代奶牛业发展要求，奶牛养殖小区达到了“六有”的标准。“六有”即：有一套规范化的饲养管理技术规程；有管道式的机械化挤奶机；有配种改良设备及技术人员；有消毒、防疫设施；有完备的饲草饲料供应系统；有粪便堆放和处理场地。现在该小区存在问题是需要一套较好的质量检测设备。

特色之二：奶农省心、放心、开心。

别看小区里这么多奶牛在一起“生活”一起挤奶，其实这些奶牛彼此都是“陌生人”，它们来自四面八方，来自众多农户家庭，奶农只是将自己家的奶牛集中到小区里饲养，而并非将奶牛卖给小区所有者。以前，奶牛饲养户不仅要在自家建专门的牛舍，而且每天还要劳神费力地通过人工来挤牛奶，挤出牛奶后又要往牛奶公司送，不仅要担心奶的质量，还要担心牛奶销路。有时市场价格低，自己劳神费力不说，卖牛奶还要亏本，应对市场风险的能力也十分有限。现在，通过建设奶牛饲养小区将一家一户饲养的奶牛集中起来饲养，好处多多。一是奶牛集中饲养后，在科技人员的技术指导下统一圈舍，统一饲料配方，统一机械化设备挤奶，统一按照合同价格收购鲜牛奶；二是奶牛小区常年有畜牧科技人员定期对奶牛进行疫病防疫、治疗，同时采取最好的人工受精技术为奶牛配种，降低了奶牛的饲养风险也提高了奶牛的品质；三是农户的奶牛在小区挤奶后可以直接将鲜牛奶出售给公司，不愁销路；四是奶牛在小区集中饲养后，几户农民可以轮班饲养，从而节约了大量人力，极大提高了生产效率。

在该奶牛小区饲养了 30 头奶牛的村民明星高兴地对我们介绍了小区饲养奶牛的好处：“以前我在家里饲养这些奶牛，每天都需要 2 个人守着喂、挤奶、送奶，而且价格也不稳定，有时还卖不掉，每年都要倒掉大量的牛奶。自己在家里养奶牛技术也跟不上，对奶牛的疾病、疫情防治等不及时，养奶牛担当的风险很大。现在奶牛进了小区集中饲养，小区又有专门的运料车，直接将料送到每头奶牛槽前，自己只需将料倒在槽里就行啦，既省时又省力，一个人完全可以养20头牛，而2004年及2005年我是看着那几十头牛发愁，又杀又卖。现在我们十几户轮换饲养省了不少力气也腾出了时间干别的；加上小区有专门的畜牧科技人员提供统一配套的科学服务，养奶牛我们放心；在小区挤出鲜牛奶后只记数量不需要送了，也不愁销售了，十天结一次账，收入稳定不受市场价格波动地影响，我们可高兴了，在奶牛小区养奶牛真正的是让我们省心、放心、开心！”

解飞宝是解州奶牛专业户之一，2002年开始养殖奶牛，至2005年已发展至20头，一天的牛奶产量近500斤，主要为彦昂乳业公司供奶，按每公斤0.8元计算，每天能收入200元钱，这种规模的养殖场自2004年以来却一直无法实现赢利。原因是每天奶牛的饲料及养殖需要资金，卖出的奶收回的却是白条，有的白条两年也得不到清欠，散户产的奶由于细菌含量超标大公司拒收，饲养奶牛要花钱，产出的奶卖不出去，卖出去的收不到钱，根本没有利润。散户们面临抉择，要么被淘汰出局，要么自建奶牛小区。然而依靠奶农个人力量投资奶牛小区风险很大。所以他只有将奶牛一部分杀掉卖牛肉，一部分奶牛卖掉，他说：当时真难呀，都看不到希望啦，当得知准备建立小区饲养时，他第一批将所剩无几的6头奶牛送到小区，如今，他觉得自己翻过身了，原来两年的奶款一分收不到，还搭赔了几万元的饲料钱，现在，每天养一头奶牛的成本是18元钱，产奶大约35斤，按出售价0.8元计算，什么也不用考虑，每天每头牛纯收入在10元左右，并且十天就能收到奶钱，我还准备再买几头。和我们谈话的几十分钟里，我们不时的听到这位朴实的小伙子从内心里发出爽朗的笑声，用他总结的话说就是：养殖小区给我们养牛户做了一件大好事，为我们养殖户开辟了一个新天地。

特色之三：公司稳定、赢利、发展。

公司为农民建设好配套设施齐全的奶牛饲养小区，并提供一系列科技服务，岂不是做亏本买卖？当然不是！企业建设奶牛饲养小区的目的当然是在带动农民致富的同时也为了更多地，更好的促进公司自身的发展。

益农奶牛饲养小区建成后，也为该公司带来了诸多好处：首先是将农民家的奶牛集中饲养后形成规模，可以为公司提供稳定的奶源；其次是通过小区来集中进行科学的管理，从科学配方饲料到疫情病情的科学防治均由专业人员掌控，确保了奶牛健康也提高了鲜牛奶的质量；再次是通过先进的机械化挤奶确保了牛奶的卫生，同时杜绝了牛奶掺假现象的发生；最后是和农民签订销售合同后，牛奶价格相对稳定，增强了企业抵御市场风险的能力。

"明年，奶农体会出小区给他们带来的好处后，入住的奶牛会更多，现有的规模已远远达不到要求，再加上伊利公司日加工可达800吨鲜牛奶的生产线正式投产后，我们还计划逐步再建3个这样的奶牛饲养小区，三年内达到2 000头奶牛的规模。采取奶牛饲养小区的模式，公司可以根据市场开发以及产品销售等情况，及时调整小区内"住户"数量，及时获得优质稳定卫生的原奶，对公司的发展和壮大大有裨益。"益农奶牛养殖小区的负责人满怀信心地说道。

奶牛饲养小区的出现，其实是"农户+公司"模式的典型例子。农民和公司之间通过合同作为合作纽带和准则，农民只需要喂好奶牛，其余风险均由企业承担，真正做到了互利互惠，共同发展，实现双赢。

盐湖区益农奶牛养殖小区的成功建设，告诉了我们一个道理，在实践中求创新，在创新中求发展，在发展中求和谐，在和谐中求共赢，但同时它给我们有益的启示也是深刻的。

启示之一：政府应该为企业搭建发展平台。围绕社会主义新农村建设，加强村容村貌管理，各级政府对奶牛养殖小区建设工作应引起高度重视，要为建设奶牛养殖小区提供方便。奶牛庭院养殖粪便和污水造成村庄脏、乱、差环境与新农村建设很不和谐，奶牛小区建设必须要做到布局合理，远离村庄、远离水源、远离景区。

启示之二：个体奶牛户入住小区有利于奶牛规范化管理。在饲养技术上，通过制定统一的饲料配方，采取货比三家采购饲料

(草)实行统一供料，解决了奶牛的优质饲料供应问题，使奶农的牛群质量和经济效益得到了普遍提高。根据区内的生产特点，会同有关专家制定养牛、挤奶、贮奶等生产技术操作规程，在小区中推广实施，保证了奶牛生产的专业化和规范化。

启示之三：有利于与大的乳品加工企业联姻，保证奶农增产增收。奶牛养殖小区的重要工作之一就是要保证入区后的基础牛群的稳定。因为，奶牛的繁殖周期长，发展速度慢，一旦基础牛群不稳定，就很难控制牛奶的产量。而奶制品又是特殊商品，具有生产周期长、成本高、效益低、易腐败、保存期短的特点，所生产的牛奶必须马上送到乳品厂进行加工处理。过去运城市的奶品都是散户饲养，挤、运、卖等都是违反国家食品法的。小区集中机器挤得管道奶质量好，细菌总数控制在国家标准范围以内，大的加工企业主动找到小区业主签合同并常年包购、包销，较好地解决了一家一户在卖奶方面的后顾之忧。

启示之四：随着奶业产业化发展，奶牛庭院式养殖方式正由千家万户分散饲养向以小区为载体的规模化、规范化养殖过渡。这些小区多建在村、庄以外，远离生活区和其他畜禽养殖场、交通较为便利，水、电、路配套。小区内实行集中饲养，分户经营核算管理，方便了入住奶农从事奶牛生产。实践证明，从建设奶牛养殖小区入手，解决困扰奶农的难题，加快发展规模化奶牛业，是一条事半功倍的有效途径。

与贫困群众心连心

——世界宣明会在都昌县扶贫济困纪实

姜英汉　肖晚生　江西都昌县扶贫办

世界宣明会是一个国际性基督教救援及发展组织，旨在让贫穷困苦者，尤其是当中最无助的儿童及妇女走出逆境，获得发展机会，并协助贫困地区摆脱贫困，帮助他们自力更生，达到持续发展的目标，是世界上最大的救灾扶贫与发展的国际非营利组织之一。

一九九八年长江流域发生了百年一遇的特大洪涝灾害，都昌县是重灾区，农作物颗粒无收，水产养殖付之东流，水利设施全部被毁，沿湖居民无家可归，真是惨不忍睹。当年9月，香港世界宣明会来都昌赈灾扶贫并设立“香港世界宣明会都昌扶贫项目办公室”，正式启动境外民间团体参与都昌扶贫工作，到目前为止世界宣明会在都昌开展扶贫济困工作已有11年，并将持续下去，11年来扶持资金达4 080万元。

世界宣明会在都昌县的扶贫力度越来越大，扶持的覆盖面越来越广，扶持的项目越来越多，有基础设施建设，农业开发项目、教育、卫生、儿童救助、高等教育资助等项目，哪里存在弱势群众，哪里有贫穷落后，哪里就有他们的扶贫济困工作，做到了急百姓之所急，想百姓之所想，为都昌县经济社会的发展作出了不可磨灭的贡献。

一、基础设施条件明显改善

针对一些基础设施十分落后的地区，世界宣明会在1998年洪灾后帮助都昌修建了多宝徐耀圩堤，全长800米，苏山子安圩堤等

40余个水利设施项目，解决了15 000余亩农田用水难问题；帮助多宝、狮山新建了陈浪村、寺前村等11个自来水系统，让4 000余位村民吃上了干净卫生的自来水；帮助芗溪乡井头村新修公路3公里，在狮山乡狮山村修建了一条长2.8公里公路，解决了狮山乡与土塘镇的交通问题，还新建桥梁和扶栏共计5座，解决了近2万人行路难问题。

二、教育扶贫成果显著

百年大计，教育为先。提高人的能力，是宣明会工作的重要目标，因此，宣明会把以儿童为本的持续性发展教育项目，放在极为重要的位置。在都昌县兴建了土塘冯坊宣明小学，盐田邻鄱宣明小学，北山塘湖小学，蔡岭吕岭小学，春桥官桥小学，多宝昭兴小学等30余所小学，并引资在都昌县城内新建了一所优质教育示范学校“钱氏宗亲学校”。同时也参与组织都昌县教师培训，每年组织宣明会项目乡和全县中小学教师开展英语教师演讲赛和其他任课老师的培训。为加强学校管理，宣明会与教育局合作，组织学校管理层外出学习考察，并邀请香港优秀校长为都昌中心小学校长进行培训，让外地优秀的管理理念及模式进入都昌。宣明会与教育局合作开展了中学生篮球赛，中学生田经运动会，中学生英语夏令营，香港学生和内地学生交流活动。同时对很多中小学的附属设施进行了援建，学校的围墙、厨房、厕所、实验室、运动场、桌椅添置给予了大力援助，大大改善了都昌的办学条件，为全县近3万学生创造了优美舒适的学习环境。这些活动的开展为都昌县的教学条件的改善、教育理念的更新、教育水平上台阶起到了巨大的促进作用。

三、健康卫生状况大大提高

妇女儿童的健康，一直是宣明会最关注的。与卫生部门合作，针对边远山区、贫困湖区的妇女开展了健康卫生知识培训，进行了义诊；与教育部门合作，改善农村小学，尤其是项目乡农村小学的厕所状况和饮水状况；与血防部门合作，在血吸虫病重灾区推展血防工程，降低血吸虫病对村民的危害；在全县范围内宣传艾滋病预防知识；与农业部门合作，在有条件的地方推广清洁能源，帮助村民建沼气池 150 余座，提高了村民的健康意识。如今，在宣明会的积极倡导和支持下，全县健康卫生状况有了明显的提高，疾病的发生率显著降低。

四、农业综合开发上了新台阶

宣明会因“水灾”而来都昌，一直致力于帮助都昌人民增强抗灾的能力，探索避洪农业在都昌的发展，当时为灾区引进避洪良种早珍珠 6 000亩，在每年的洪水来临之前就能进行收割，提高了沿湖居民的收成。结合都昌的四大特色农业，与农业部门合作，对种植业和养殖业给予了大力支持。组织水产协会骨干去外地养殖基地及饲料工厂的考察活动；与县水产局合作进行鱼病防治技术培训与水质改造工作，提高了水产养殖户的经济效益；为 30 多个项目点的贫困且有发展潜能的农户提供优质的水稻和棉花种籽，并提供农业技术指导；利用农民夜校聘请有关专家为农户免费培训，解决农民在生产中遇到的一些难题，提高了农业的科技含量；帮助农民开发荒山，种植果树，大面积推广柑橘，早熟梨等优质水果品种，提高了土地的利用率。

五、儿童救助与青少年发展活动形式多样

儿童救助项目旨在挽救家境贫困的病危儿童，1999 年三汊港荷塘花炮厂爆炸，宣明会及时参与抢救伤员，8 个严重烧伤儿童得以挽救并陆续给他们整容与心理疗理，增强了他们的自信心。到目前为止，共救助了 20 名病危儿童。2004 年，宣明会与都昌镇人民政府合作，在都昌县城内开办了青少年活动中心。中心集休闲、娱

乐、学习、能力锻炼于一体，其宗旨是丰富青少年生活，启发青少年的潜能，增强青少年的自信心，培养青少年的领导、组织、表达能力。开办的活动也是多种多样，有周末晚会、探访敬老院、电脑培训、英语培训等，活动中心会员达500多人，共有5 000多人次受益。同时对一些需要帮助的残疾青少年给予了帮助，为他们培养了特殊教师。并对一些特殊学校的学生提供助学金和奖学金。

六、高等教育资助项目辐射带动作用明显

高等教育资助项目是资助孤儿或单亲或是家中有长期患病的家境贫困的大学生完成学业，为成绩优秀和进步显著的学生给予奖励，激发他们的学生兴趣，激励优秀学生发奋图强。到目前为止，共资助了56名贫困学生圆了大学梦，其中有40名大学生已毕业，走上了社会，这样既为国家培养了人才，又改变了他们一生的命运，也改变了他们一家的命运，同时也带活了他们周围的朋友、同学，激励他们为自己的未来和命运而努力。

世行项目，山民的希望

苏　纲　广西巴马县世行办

一九九七年春，我作为县扶贫攻坚工作队队员下到那社乡那勤村挂任村委主任助理。我在乡政府报到后，就与村文书同行去那勤，天空阴沉沉的，虽说在南方，偶尔吹来的寒风让行人都蜷缩起脖子，在崎岖的山路走了近 3 个小时，爬行 10 多公里才走到支书家。夜色已降临，腰酸腿痛的我在仍点着煤油灯的东家度过了下乡的第一夜……

那勤村是世行项目村，也是集“老、少、边、山、穷”于一身的贫困村，不通路、不通电、缺医少药。全村人口 2 400多人，是所略电站的库区，淹没耕地近 1 000亩。空气中清澈的味道，吹动的凉风，涓涓溪流的声音，还有倒映出天空云彩的平静河面。人们仍在刀耕火种，艰辛劳作，仍不能解决温饱，所略电站封水后，土地受淹，使村民们处境雪上加霜。

穷则思变，借世行项目实施的东风，借百年不遇的好机会，用双手描绘新的蓝图，要实施农村基础设施、教育、卫生、农业种植项目。村委会是世行项目实施小组，我加入了小组。我们协商后一致认为：要致富先修路！我们肩负起 2 000多村民的希望，与县领导协商后，申请提前实施项目公路。

那乙—那勤公路项目，路长近 8 公里。领导大力支持，拍板马上动工。那勤第一路开工了，推土机推出一条红色的新路，山民脸上笑开了花。开路时碰到自家的林木，他们不可惜，无偿献出，他们积极投工投劳，开路是他们的梦，不知是多少代人的梦，今天终于梦想成真。半年后，公路开到那勤屯。在屯的晒场上，也停了几辆披大红花的新车，山民们买了新车，运输业随机而生，车轮转出效益，车轮转出希望。

多年来，不通路，电杆运不来，今天车子运来电杆，架设电线，电灯亮了，煤油灯丢了，“洋油灯”结束了使命。有的家境好的村民运来砖头建起新房，一栋栋“洋楼”屹立在边远的大山深处。

午后的微风带着花草的味道拂面而来，望着被大风吹落瓦片的教室，看着一栋栋又旧又烂的危房。我们决定借通路之机上教育项目，建那勤第一楼，说干就干，村民、教师、学生用双手推倒旧房、平整土地，新的教学楼破土动工。施工队进场，运来了材料，迅速作业。好消息不断传来，另外三个屯的教室也动工了。半年后，教学楼建成了，一栋大楼拔地而起，学生坐在宽敞明亮教室上课，传出“朗朗”的读书声，令人们心情舒畅，感慨万千。确实不易啊，项目建在边远山区，交通不便，投资不够，但是村民们深深地懂得，百年大计，教育为本。再苦也不能苦了孩子。村民积极出工出力，捐顶木，献模板。有的模板靠一户一户凑出来，砍竹子，献木料，有的拿来了门板，有的拿出制家具的木料，全屯动员上工，小的10岁，最大的70多岁，都自觉上工劳动。当地群众说“新中国成立以来，没有哪一年像今年这样用这么多资金来建这么高标准的学校，哪怕是再多投点工，献点料也值得。”因此，学校建设没有因资金、材料不足而停工。看着村民满腔热情的支持、无私的奉献，使工程按时完工，我非常感动，这就是纯朴的民风，这就是中华民族之魂。

看着连片长满杂草的山坡，如能种上八角，玉桂，产出效益，造福人类，通过我们的不懈努力，创造了一个绿色的世界。主人是农民，为了使项目区的贫困农户真正成为项目的参与者，在项目执行过程中发挥决定性的作用。通过宣传发动，充分调动村民的生产积极性，增强了村民参与项目的责任感和光荣感。积极参与项目，我们调来苗木，有几个屯家家户户上项目，进行连片开发，种下玉桂、八角2 000多亩。待到八角玉桂成林挂果时，我们就收获扶贫的果实，成为长久的绿色银行。

两年后，我下乡挂职期满返城。临走时纷纷来送行的村民对我说，你是这么多年下乡的干部带给我们好处最多的人，这一辈子难以忘怀。我笑着对他们说：这不是我的功劳，你们应感谢党委和政府，感谢世行扶贫项目的实施。那勤村经过实施农村基础设施、教育、卫生、农业种植项目，综合性扶贫项目使全村旧貌换新颜。开通了第一路，建成了第一楼，村民们在尽情享受卫生医疗，人畜饮水的好处时，少了“等、靠、要”，多了“拼、搏、富”，改变了“老、少、边、山、穷”，看到连片开发的山坡上，八角、玉桂长势喜人，这是世行扶贫项目实施结出的硕果，也就是纯朴村民的希望。

种植茶叶、瑶寨生辉

罗　杰　广西凌云县世行扶贫项目办

凌云县加尤乡案相村太阳坪屯瑶寨居住于海拔850米的高山上。这里与省道擦边而过。居住在这里的村民自古以来“抱着金碗去讨饭”，商品生产意识淡薄，全寨居住18户87个瑶寨村民，世行项目实施前没有人到过百色。

改革开放以来，太阳坪瑶寨虽然也种了些茶叶，但仅仅局限于自给自足、自产自销的格局当中，没有形成规模，也不知道山外的茶叶到底价值几何，一直不敢多种。

1995年，县世行办决定在案相村太阳坪、大山一带实施西南扶贫世行贷款项目试点，开发种植凌云白毫茶，并动员村民积极参与开发。从此，瑶胞们认识到发展茶叶不仅能改善自然环境，还能脱贫致富的道理。案相村委主任抓住这一难得的机遇，组织群众开发荒山。在村委的带领下，瑶胞们放下砍刀，丢掉鸟笼，拿起银锄，挥动双臂，把青春和热血洒播在这神奇的大山上，终于垦出30亩茶梯，种上了茶叶，但是，有少数群众存在满足情绪，不愿再干。村委主任多次走家串户，耐心做群众思想工作，讲明种植茶叶、发家致富的道理；还带头带领本户劳动力高标准地开发种植24亩茶园；在他的带动下，全屯当年就开发了80多亩。1995年和1997年，全寨共出劳动力400多人次，坚持不懈地开发本屯荒山发展茶叶生产。项目实施三年后，共开辟茶园200多亩，人均有茶园2.5亩，全屯人均收入已达到1 200多元，人均有粮也达到250公斤，基本解决了温饱问题。

尝到种茶叶甜头的瑶家人，并没有满足于所开垦的茶梯，他们在县世行办组织的茶叶种植培训中，学会了管理茶园，做到及时施肥、及时采摘、及时加工、及时销售。昔日的不毛之地，被一丘丘、一梯梯、一片片新开辟的茶园所代替；昔日寂寞的小山坳，被一群群采茶姑娘欢声笑语所替代，每到阳春三月，小小的山坳变成了绿色的海洋和欢乐的世界。实现了家家有茶种、人人有采茶、人人懂技术、户户有茶叶收入的愿望。如村委主任罗宗平一家，种茶叶就达 30 亩，家中人均有茶园 3.2 亩，同时他还兴办起茶叶加工厂，既解决茶农们卖鲜茶叶的后顾之忧，又和瑶胞兄弟们打起互利共赢的算盘，当年他就还清了买设备的 3 万元贷款，而瑶胞兄弟们都为家里添了一台 25 寸的大彩电。

2007 年，云南等地客商大量收购晒茶做普洱茶原料，鲜茶叶价格达到了历年最高价 26 元/公斤，茶农们因此得惠，户均年收入达 8 万 ~ 10 万元，家家户户生活发生了翻天覆地的变化：盖上了“世行”洋楼，开起了“世行”车，用上“世行”手机……

利用世行贷款种茶，使太阳坪瑶寨增添了光辉。世行项目虽然结束了，但饮水思源，喝水不忘挖井人，当你走进太阳坪，去和村民摺家常时，村民总是不约而同说：是世行扶持才使瑶寨变了样啊！

众人拾柴火焰高
集资办学出成效

向祖明　广西凌云县世行扶贫项目办

杂福村位于凌云县加尤乡的东南部，距乡府所在地11公里，属大石山区，无一分水田，有汉、瑶两种民族，共382户，人口1 800人。人均有粮320公斤，人均有钱550元，村里教育设施简陋，原校舍全是20世纪六七十年代所建。1996年中国西南世界银行扶贫项目教育分项目在杂福村实施，决定推倒一幢“春来雨进，冬来风刮”的破陋校舍，新建一栋542.4m^2六开间的3层教学楼，总投资25万元，其中世行贷款15万元，教育局补助40 372元，杂福村群众自筹6万元。信息传到村里，言论纷纷，喜忧并存，喜是杂福小学获得改善办学条件的机遇；忧是有80%的农民生活水平还在温饱线以下，从哪里筹这笔资金呢？

为了完成集资任务，村里建立强有力的集资领导小组，大力宣传《义务教育法》、《义务教育实施细则》，拓宽集资渠道，争取群众大力支持，积极参与。集资小组的同志们深入群众，挨家挨户，促膝谈心，宣传各种法规，宣传集资办学的重要性，使群众认识到“人民教育人民办，办好教育为人民”的内在含义，为了拓宽集资办学渠道，村里向在外工作的杂福籍各界人士和原在杂福工作过的领导、干部发出募捐书，凭着关心支持教育事业的诚心，仅在3个月内就完成了60 825元集资任务，其中收到各界志士160名捐款11 935元，学校、村公所筹集5 000元，群众集资40 858元。

领导带头捐款，成为各界人士表率，使集资任务按时完成，从县长、工商局长到普通干部、农民，无不表达了集资办学的信心和诚心，无不表达对集资办学的关注和期望。弄璜屯的退休干部尹汉培深知集资办学的重要，他在自己的爱人病重垂危的关键时刻，不但率先代交清附加费 33 元，而且积极捐款 30 元，真可谓“有一分光，发一分热”；波览组的退休老干部吴必禄，积极支持集资办学，他在交清农民教育附加费的同时，父子 5 人共捐款 460 元，并且为集资工作积极宣传，让群众真正明确集资办学的重要意义；山脚组的姚贤品不顾家里缺少化肥，把刚从外地打工挣到的钱亲自拿到学校一次性交清家中 11 人的教育附加费 374 元；巴里组的杨光干，虽然已是年过五旬，不仅交清他与爱人的附加费 66 元，而且为年满 90 的父母和外出打工的儿媳代交附加费 187 元。在各级领导亲身指导，村干、老师的通力合作，各界人士奋力资助下，仅 3 个月就顺利完成了集资任务。

教学楼于 1996 年 6 月中旬破土动工，12 月底按期竣工，并交付使用。世行项目的实施还给杂福小学配备 160 套课桌椅，造价 12 800元，课桌配齐率达 100%；床架 50 张，造价 7 500元，配齐率 150%；图书 1 292册，价值 5 168元；教学仪器 1 套，值价 4 000 元；还有 137 名贫困学生获得减免书杂费和营养补助费，共计人民币 9 183元。

办学条件的改善，使全体师生有了安全舒适的教学环境，杂福村适龄儿童入学率从原来的 90% 上升到 98.1%，在校生 270 人增加到 318 人，教师由 7 人增加到 10 人，有 9 人还先后参加世行扶贫项目举办的“继续教育”和“双语”短期培训班学习，两位代课教师获得世行扶贫项目中函培训毕业，师资素质有了相应提高，外乡籍四位教师也安心学校工作，“双基”工作基本达标，已获得国家教委认可，教学质量明显提高。1997 年至 1998 学年下学期期末通过教办组织统一考试、统一评卷，四、五年级语文、数学成绩名列加尤乡前茅，本届毕业生参加毕业会考取得语文及格率 100%、优秀率 68.6%、平均分 81.3 分、数学及格率 100%、优秀率

88.6%、平均分90.4分的优异成绩，1998年县教育与科技局评选五个“十佳”（十佳学校、十佳校长、十佳青年教师、十佳代课教师、十佳少年）中杂福小学获得三个，即学校被评为“十佳学校”，谢承发校长被评为叫“十佳校长”，谢承考老师被评为“十佳代课教师”。

安德镇三东村大邦外屯人畜饮水工程项目

邓凤琴　广西靖西县世行扶贫项目办公室

大邦外屯位于安德镇南端，与荣劳乡山水接壤。该屯是一个地处偏僻的贫困山村，全屯总户数60户，总人口310人，有耕地面积253亩，劳动力135人。外出打工123人，在家只剩老弱病残，生产、生活还是沿着祖祖辈辈日出而作，日落而息的陈旧习俗。在这种情况下，要改变社区面貌，脱贫致富也不是一件容易的事情。

大邦外屯虽然经历过政府组织发动的人畜饮水大会战的扶贫项目，但还是解决不了群众饮水难的问题。村民饮水还是费去大量的劳力去挑，增加了群众劳动负担。随着社会的不断变革，新农村建设的日益推进，大邦外屯村民有机遇沐浴在社区主导型发展试点项目的阳光中。自我决策、自我管理、自我发展体现了无限的生命力。在当地政府、世行办和社区协助员的积极指导和协助下，通过群众民主选举产生了项目实施小组，资金管理小组和监测小组及职责分工。为保证项目的顺利实施打下良好的基础。全体村民以当家做主的积极姿态，召开多次的群众大会评选项目，认真筛选本屯最急需解决的项目，最后参加村级项目竞选落实了大邦外屯群众最急需要解决的饮水难的问题。

成功的事业并不都是一帆风顺。在前进的道路上，问题一个又一个接踵而来，首先水池建在半山腰。要解决技术测量问题，便于购买多少扬程的机组及材料，村民召开群众大会达成共识，请求有关部门协助解决技术测量。其产生的费用由群众自筹支付。接着因申请资金只有2.3万元，而光项目材料费就需要3万元，资金缺口较大。怎么办呢？俗话说：“众人拾柴火焰高”。项目实施小组通过深思熟虑把问题交给群众，通过大会讨论，群众达成共识，请求有关专业技术部门协助解决技术测量，其产生的费用由群众自筹支付。群众先后自筹8 000多元，结果材料费尚不足3千多元。镇政府得知此事后，派人到该屯了解实际情况，并提出了解决问题的办法。即把上级拨给该屯的公益林补贴资金3千多元可用作购买材料的费用，该资金的使用也通过群众大会讨论一致同意。有了村民们的大力支持和政府部门的帮助。项目的目的资金得到了顺利的解决。

当项目正要实施时，又碰上了一个很难解决的难题，就是有关项目的投工投劳的问题，群众大会村民讨论时反应很强烈，外出务工的农户以后也受益这个项目，但现在他们却不在家，如何投工投劳。有的说找承包商，有的说按人口，土地面积投工投劳，众说纷纭，意见很难统一。经群众充分发表意见和实施小组综合各方面的意见和建议，达成共识。采取以户投工，外出务工者以资代劳，对于弱势群体（五保户、残疾人等）就少出工或集体帮助投工，无故缺工者按日罚30元交领导小组作为项目资金使用。

项目的实施方案，财务管理来自于广大村民的智慧和力量。只要村民思想统一，积极性就能调动起来。大大推动项目目标的如期实施，如今大邦外屯已用上了干净、卫生的自来水。昔日的饮水困难，用水如用油的现象已经一去不复返了。

大邦外屯全体村民从解决饮水难的项目的提出、评选、竞争、执行、监测和目标实现等一系列活动中，深深感受到社区主导型发展试点项目以“自我决策、自我管理、自我发展”的管理模式，充满着无限的活力和生机。是中国新农村建设黎明前的曙光。为改变边远贫困社区的经济、文化、社会生活、生产欠发达现状，我们还要继续努力地的探索，尤其是社区可持续发展机制的建设与巩固，我们仍然任重而道远。

念力村的新变化

黄朝晖　广西靖西县世行办

2008 年 1 月，一位外出打工的农民工回到村时发现，这里已经变了模样！路通了，有自来水了，村小学也长高了，人民生活安居乐业。这就是社区主导型发展试点项目村——靖西县新甲乡念力村。

社区主导型发展试点项目实施给社区群众带来了很大的实惠，从念力村的情况看，念打、念洪、领匡、念力几个屯受益最为显著。

念打屯在没有实施项目前，进村公路还不通，群众运输物资只能靠人挑马驮，就拿建新房来说，第一户建平顶房的周体明，在材料运输上，仅请人挑材料的费用就花了三千多元，也是因为这样，该村十年来只有两户能建起平顶房，在社区主导型项目（CDD）第一轮中，他们竞选到 10 600元项目资金，请专业人员帮助爆破，村民投工投劳搬运石头，铺路面，用半年时间开通了两条公路的屯级道路，汽车能直接开到村里了，今年有四户人家建新房，再也不用人挑马驮了，大大地减少了运输成本，群众高兴地说，CDD 项目至少给我们节省了半层楼的造价，在第二轮项目中他们又建起了一座蓄水池，并集资买水管把水接到各家门前，以往挑一担水要走两公里的日子终于结束了，群众能有更多的时间投入农业生产。今年，村民们纷纷加大养殖，估计今年每户收入将增加三百元左右。

念洪屯长期以来都是靠到远处挑水，田、地无法得到灌溉，粮食生产一直无法提高。如果碰上干旱年份、温饱问题都难以解决。CDD 项目中，他们竞争到人畜饮水项目，不但能够解决饮水困难，而且还能灌溉附近三十多亩田地，这两年来，他们的“望天田”终于能够旱涝保收了。有了水，他们还种上了白菜、萝卜等作物，据群众反映，这两年不仅稻谷增收了，蔬菜种植每户至少也能增收两百元。

领匡屯地处高山之上，村民一直靠积雨水或到外村挑水过日子，水田变成望天田、产量也很低，如今他们争取到项目，建设了人畜饮水工程。目前，已经停种了好几年的水田将得到灌溉，群众打算重新种上水稻。该村的社区发展基金刚刚实施，但已有部分村民受益，黄显岁、周文念、黄克几户人借助社区发展基金，做起了贩牛、贩马生意，仅几个月的时间，他们每人纯收入就达到上万元，周文念今年还建起了楼房。其他农户养猪、养牛的，目前长势也挺好，估计过两个月生猪出栏，他们每户将有几千元的收入。

念力屯地处念力村中央，在实行一村一校以来该屯只留下一年级教学点，幼儿要送到五公里外的洞平、大农上幼儿园，二年级以上也要到几公里外的小学上学，因为路途远，小孩不愿上学，辍学率相当高，有些孩子虽然没有辍学，但经常离家后在路上玩耍等到放学时才回家，家长、老师两头见不到人。孩子们的学习成绩十分差，家长痛心不已。CDD 项目让他们建起了教学楼，村民还自动到教育主管部门反映情况，争取在该屯设小学一到四年级教学点，现在幼儿班也开设起来了，家长们不再需要天天接送小孩，可以安心地投入生产，从他们的笑容中，我们看到了希望。

社区组织体系的变革之路

——记百鲁村百鲁屯人畜饮水项目

陆　毅　广西靖西县世行办

我国农业社会主义的发展经历了50多年的风风雨雨，从互助组到合作制再到公社制，到家庭联产承包制，一直在努力寻求一种有效的组织体系，以实现发展生产力、增强国力和改善人民生存状态的历史使命。我们的问题也由此产生——农民感兴趣的恐怕不是以什么“主义”命名的制度，而是以何种绩效来加以体现的制度。那么，家庭承包基础上的统分结合的体制能够让农民感到比公社制优越吗？这个问题有一半已经被过去30年的承包制实践回答了：人们不再偷懒，并在地区之间、产业之间、城乡之间进行职业调整，因而，资源配置效率提高了，个人或家庭的生产效率也提高了，但问题的另一半还未能获得满意的回答，因为“统分结合”在很多地区，尤其是在经济社会还很不发达的地区，还只是一种行政构架，还没有成为真正能够完成农业社会主义的战略使命，体现农业社会主义的制度精神（社会化协作、人的社会性和行为社会化）的组织载体。一方面，村民极少对集体的事情关心，他们更关注的是自家土地上的产出或自家的收入；另一方面，原有的村委班子由于缺少机会或缺乏民主管理的思想，而使村民更加不理会社区集体的事情。村里的道路、学校、水库等公共设施年久失修，也很少有人问津。面对这种状况，我们应该通过什么样的方式与手段，使社区群众重新焕发出团结、拼搏、互助的精神，从而使我们农村土地制度下“统”的层面得到切实有效的发挥，进而促进我国新农村建设的更好更快发展呢？社区组织体系的变革迫在眉睫，而变改之路也初露端倪。下面我们以百鲁村百鲁屯社区组织的变革为例，揭示社区主导型发展方式对社区组织创新的作用。

百鲁村位于龙临镇与新甲乡的交界处，路途遥远，地势又高，是典型的大石山区，村民主要靠种农作物和外出务工为生。百鲁屯属百鲁行政村村部所在地，在社区主导型发展项目进村之前，该屯也有过一个饮水项目。当时通过群众讨论决定后，由上级直接拨给水泥，水泥拨到村里，再由村里拨到屯里，屯长再组织村民进行施工。从上面的叙述来看，似乎事情顺理成章，最后肯定项目圆满成功，但结果却是一个近一百立方的水池成了“蛤蟆池”，即水池建成后，无法正常蓄水，只有底层有一滩浅浅的水洼，经常见到几只蛤蟆出没，因而就得了这个称号。为什么一个由村民自己讨论出来的项目，到最后却失败了呢？难道是参与式的方法不对？经过调查，我们才知道，当时的项目群众只参加了项目筛选时的会议，其他的事情都是由村委和屯长负责，村民们不知道水泥的具体使用情况，而且由于缺乏监督，有一半的水泥被挪作他用，而村民们却无任何权力阻止，进而导致了村民对当时社区组织的领导者产生了不满，积极性受挫，消极出工，加上水泥的不足，结果一个本来用于人畜饮水的大水池变成了蛤蟆的栖身地。劳民伤财的同时，更加深了村民与社区组织的隔阂。就这样，社区村民只好自己拿出家中积蓄，单独行动，在自家房屋周边建小水柜，以方便自家的生活。尽管这样，每年在旱季时仍有两三个月需要去挑水生活。在事后的调查统计中，百鲁屯有 50 户都建有这样的小水柜，如果将建这么多小水柜的钱集中起来建一个全屯共用的大水池，至少可以节约一半的资金，并且可以保证长年的供水。但是社区组织威信力的降低，村民凝聚力的松散，使该屯的大水池项目迟迟未能成功。

2008 年 6 月 8 日，社区主导型试点项目在整个百鲁村的宣传动员，使群众很快了解了这个项目，但百鲁屯的村民们仍然继续着原先的生活，各自生产，很少关注自己集体的事情。在第一轮项目评选时，其他 13 个屯的代表给百鲁屯打的分也非常低，原因就是因为该屯村民积极性不高，组织能力不强。一年后，当看着其他项目屯将第一轮项目做完后取得的巨大效益，加上协助员和项目办的一再宣传，百鲁屯村民也开始按捺不住了，他们开始默默准备第二轮项目的竞选。在协助员的协助下，他们开始召开了十几年来的第一次会议，在协助员的讲解中，村民们开始明白，这个项目是必须要群众说了算的，而且是绝大多数群众通过才可以，于是村民们积极发言，按照参与式的方法，重新选举出他们心目中正直、有能力的村民组建代表绝大多数村民意愿的实施小组和监督小组，实施小组负责项目的实施，监督小组负责对实施小组进行监督，会议还讨论筛选出参加竞选的项目，仍然是“人畜饮水项目”，并且当场讨论出较精确的项目投资预算。功夫不负有心人，在第二轮项目竞选时，百鲁屯获得了项目。项目评选完后，百鲁屯立即召开了第二次社区村民大会，大家共同讨论项目的施工方案，财务管理方案，管理小组人员职责，后续管理等许多在项目实施中可能遇到的困难及办法等。此时的村民是激动的，尤其是曾经参加过第一次“饮水项目”的老村民们，他们更加积极地发表自己的看法，通过激烈的争辩和举手表决，最终定下最可行的方案。这只是关键步骤迈出的第一步，接下来摆在村民面前的任务将更加艰巨。由于社区主导项目的资源管理权也交给社区，那么项目所有的物资采购及项目资金的使用将全由村民们自己安排和决定。根据会议讨论结果，项目资金应由 3 人保管：一人开户，一人保管密码，另一人保管存折；采购物资时，需要至少两人同往，采购人员由村民选出，正直及口才较好的人将担当此任；出纳员负责保管现金，并专门有一账本，单独记账；会计需要保管采购人员拿回的发票，同时单独记账，并做好财务的公示；监督小组和群众可以随时查询出纳或会计的账本，一旦发现疑问，将会在村民中宣扬；为了增加村民对项目资金的拥有感，村民们开始主动筹集资金，称“群众集资”，进而与项目资金混合，村民们对项目资金的监督力度就更强了。

通过多次的社区大会的反复讨论，施工方案、财务制度、后续管理办法、采购方案、管理小组职责分工、投工投劳等更详细的方案出炉，并付诸实施。比如，对投工投劳不出工的农户，通过村民大会讨论，需要交纳 20 元的补贴费给集体，这样就避免了不出工的风险；在采购中，他们给予采购人员一定的误工补贴和交通补贴，这样就减少了村民之间不去采购的博弈过程，并严格做到货比三家，降低成本等等。经过短短的一个月，在村民们的共同努力下，曾经失败的项目取得了巨大的成功，百鲁屯成了百鲁行政村第二轮项目屯中完工最早的一个屯，在百鲁村项目管委会27个代表的验收打分中，也是评分最高的屯；而且，按照水利部门的预算，要实施这个项目所需的资金至少8万，最终只用了4万元就使项目顺利完工，极大地提高了资金的使用效率。在事后对村民的采访中发现，原来村民们的初衷只不过是想得到项目改变村庄，方便大家的生产生活，但结果却大大出乎他们的意料。引用其中一位村民的话来讲：“这个项目好，我在会上讲话也有用了。”可见，在项目的实施过程中，村民在不知不觉中对社区集体的事情开始关注，因为他们的决策权得到了肯定；村民的管理水平开始提高，在多次的社区大会中，村民讨论问题，分析问题更加深入细致，而且直奔主题，开会的时间从一开始的两三个钟头减少为一个钟头左右。村民的民主管理能力得到提高，村民的信心及热情也开始高涨，从下面的故事中就能发现。

百鲁行政村来了一煤矿老板，需要占用百鲁屯10户农户家的部分土地，按照以前的做法，煤老板通过村委就可以商议决定，只需要每年交给农户一亩500元的补偿费即可，但这次他遇到了阻碍。百鲁屯村民在实施小组的带动下，自发召开了一次没有协助员在场的村民大会，会上大家一致商议决定，煤老板给的补偿费太低，不能答应，直到补偿费满足被占地农户们的要求方可。于是在村民的要求下，煤老板最终同意再增加500元的补偿费，总计1 000元。这在以前是绝对难以办成了，但经过这一轮社区主导项目的实施后，村民们做到了，因为他们知道团结的力量，他们知道集体一心，许多事情都能做到，而且许多困难也能轻松解决。当第三轮项目开发大会时，百鲁屯已经可以脱离协助员，在实施小组的引导下，社区村民自己就可以筛选出最紧迫的项目，并且对未来也作了规划。顺理成章地，第三轮项目，百鲁屯又一次获得了项目，是屯道硬化项目。他们开会的次数有增无减，但是开会的时间越来越短，会议质量却越来越高了。

百鲁屯只是百鲁行政村实施社区主导型发展项目后的一个缩影。现在，当你走进百鲁行政村的任何一个屯时，你都会感到一股自信和力量迷漫在空中，会令你心神一震。村民们会很友好热情地主动招呼你去他家作客，从他们灿烂的笑容中，我们看到了希望，看到了中国农村的新的希望：那就是通过社区组织的变革，让群众真正参与进来，提高群众的民主管理能力，使社区组织真正变成凝聚村民力量的发动机，通过村民的团结、互助，发挥集体的力量去应对困难，去解决困难，从而获得生机，取得长足发展。

踏踏实实为贫困山区老百姓做事的年轻人

——记靖西县龙临镇百鲁村 CDD 项目协助员林江平

黄红星　广西靖西县世行办

2008 年 9 月 27 日，在靖西县龙临镇百鲁村村小学校内，村支书、村民代表共四十多人为一个二十出头的年轻小伙子举办欢送会，会上群众对这位年轻人依依不舍，纷纷发言表示对年轻人的感激与不舍之情，村支书拉着年轻人的手动情地流下热泪说："这半年来，你与我们一起生活、工作，你为我们百鲁村付出了太多太多，我们村的项目工作在你的帮助下取得了巨大进展，我们村民与你产生了深厚感情，真舍不得你。"一些群众特地做好壮家送客人的礼物糍粑以及自家的柿子送给年轻人，当年轻人上车准备离开时，百鲁村群众们紧紧拉着年轻人的手，眼里含着泪花，久久不肯放手，这位年轻人是谁？他为什么深得百鲁村老百姓的如此关爱？

年轻人名叫林江平（下面称为小林），是广西大学商学院农业经济管理专业的研究生，2008 年 4 月起在百鲁村担任该村社区主导型发展试点项目协助员。在小林没有进驻百鲁村前，百鲁村的项目状况是：CDD 项目实施已近两年，第一轮的基础设施项目 5 个项目还没有施工完毕，第二轮项目评选在 2007 年 9 月结束，但由于村里协助员的空缺而迟迟没有进展，是靖西县所有 CDD 项目区项目进度最慢的一个行政村。百鲁村距镇政府所在地 10 公里，距县城 30 公里，地理位置偏僻且地势甚高，辖有 14 个自然屯，各个屯相距遥远，其中有 5 个屯仍未通公路，需要翻山越岭才能到达。2007

年曾经有一位协助员进驻过百鲁村，但由于畏惧百鲁村比较差的环境，工作中出现了不负责任、不公正以及营私舞弊等现象，村民特别是村委和各屯的项目实施小组成员的积极性受到了重创，在第二轮项目竞选结束后，在村民的举报下，2007 年 10 月，该协助员被辞退出队伍，从那时起，百鲁村已经经历半年没有协助员的真空期，项目实施停滞不前，群众对 CDD 项目的认识开始逐渐变淡。面对百鲁村这样的状况，如何扭转项目实施的被动局面，是摆在县项目办面前一件棘手的事，当务之急是给百鲁村配备一名得力的协助员，才能改变百鲁村项目实施落后的状况，但是县项目办物色了几个人，都不满意，到哪里去找一个能独当一面的协助员呢？在县项目办犯难之时，一名年轻人毛遂自荐，他叫小林，1985 年出生，老家在浙江省温岭市，在广西大学商学院攻读农业经济管理专业研究生。小林虽然出生于农村，但全家在十几年前早已告别农村生活，迁居城镇，他能否适应百鲁村这样一个有 12 个屯未通自来水，6 个屯未通公路的恶劣生活环境呢？另一方面，一个初出茅庐的年轻人，是否能胜任协助员这种需要直接与群众接触，又需要和项目办保持紧密联系，需要具备极高的协调处事能力的工作呢？这些都是摆在我们县项目办工作人员面前的最大疑问。来到靖西后，这位小伙子并没有太多的豪言，而只是用他的默默行动、忘我的工作、不知疲倦的热情，给我们提交了答案，让我们的疑问逐渐消失，并代之以极大的信任。

2008 年 4 月 1 日，小林到达靖西县的第三天，经国际行动援助简单培训后，他带上操作手册，毅然踏上了百鲁村这片陌生的但在接下来的半年时间里将使他终生难忘的土地。同他的交谈中，我们知道，当时他已经作好了充分的心理准备，但当见到百鲁村的贫困面貌时，还是让他大大地吃了一惊，村民简陋的住房，山路的崎岖不平，屯与屯之间相距如此遥远，这些跟他当初的想象竟是如此的天壤之别。小林选择了住在大达屯一个离镇政府最远，也是村里最贫困的屯的一农户家中。这里的生活条件之艰苦更不必说，4 月份天气已很炎热，但由于没有自来水，洗澡非常不便，需要自己挑水冲洗，又由于跳蚤很多，每次洗澡完后，就必须马上穿上长裤，否则两腿就会不知觉中沾上好几只跳蚤。百鲁村的居住情况是，楼下养猪、牛、马等牲畜，楼上住人，由于是木板为地板，在夜深人静时，楼下的气味伴随着牲畜因痒而摩擦柱子的声音，常常令小林半夜惊醒，难以入睡。就在这样的环境里，小林很快地适应了，接下来的事，就是该如何尽快地进入工作了。

年轻人的热情与智慧创新总是令人感慨万千。为了迅速让村民了解自己，小林制定了一系列的规划，使自己能尽快融入到群众中去。他制定了三大原则：（1）不在群众家吃饭，不拿群众一针一线，就餐固定在东家，并每月付给东家生活费；如果非要在别屯就餐，则一定要带一定量的肉菜；（2）做到公正、公平、言出必行、言而有信，在各实施小组成员中树立良好的口碑，从而由实施小组成员的影响力将自己的信息扩展到村民群众中去；（3）尽一切可能帮助村民，包括帮老人家挑水，种玉米，种水稻等，一些无法解决的问题，就带回到县项目办，由县项目办帮忙解决。与此同时，为了使下一步工作顺利开展，还必须解决上一任协助员留下来的问题。针对村委对项目不关心支持，而村支书又是村里影响力最大的人物这种状况，小林通过其自身的一些方法，很快地与支书建立起了良好的关系，使支书开始关注项目，并在以后的项目实施中起到了巨大的支持作用；接着，各屯实施小组及村委的其他成员也逐渐认同了小林；另一方面，小林与百鲁村小学师生们也建立起了良好的关系，通过帮忙做一些电脑的文档工作，以及和小学生们玩游戏，小学生们很快喜欢上了这位和蔼可亲又充满爱心的“新老师”，他们回家后将小林的信息告诉了家长们，从而在无形中加速了小林在百鲁村的影响力；小林还自己制作名片，留给群众们，在让群众认识自己的同时，也为项目实施中，群众向小林及时反应项目实施中的问题提供了很好的联系机会。除了这些，小林还参加了各屯项目的实施过程，如修路挖边沟等，与村民一起实施项目，由此，小林手掌上的茧子直到离开百鲁村时都长得厚厚的，这些举动也使村民切实感受到这才是真正的协助员。就这样，经过短短不到一个月的时间，小林不仅在百鲁村，而且在整个龙临镇有 CDD 项目的村都有了很高的人气。

村民们开始认同小林是自己村里的人，将小林当成是自己家的亲人或孩子看待。百鲁村村委、各屯的实施小组成员和群众逐渐对 CDD 项目又焕发了激情，在小林的协助与帮忙下，屯里开会的时间也在逐渐增多，在项目实施过程中的许多问题，都通过召开社区大会，由集体统一决策，研究解决办法，项目开支的费用经常公示，透明度得到极大提高，村民自我组织、自我决策、自我管理的理念开始被包括实施小组成员在内的村民们理解并接受，村民投入项目的积极性更高涨了。通过不断努力，在 2008 年 5 月底，百鲁村第一轮基础设施项目全部竣工，并全部通过验收；第二轮基础设施项目、第一轮环境改善项目以及第一轮社区发展基金项目的资金申请手续也在五月底完成。五月底六月初，小林需要回广西大学进行论文的开题报告，在小林未驻百鲁村的十五天里，第二轮项目的六个屯在实施小组的带领下，均自发地开始实施项目；就这样，在小林到百鲁村的两个月里，百鲁村由一个项目进度最慢的村一跃而为项目实施进度及质量名列前茅的项目村，这不得不说是一个奇迹。

在第三轮项目评选中，各屯实施小组在讨论到第一、第二轮项目实施情况得分项时，争论不休，各屯都认为自己实施得好，应当得高分，为了能够公正、公平，小林连续思考了一段时间，经过多次与各屯实施小组讨论，他协助村项目管理委员会首创性地提出了解决办法，组织全村 14 个屯的实施小组代表随同村委会到第一、第二轮实施项目的屯进行实地检查，并给每人发放小卡片，当场无记名打分，在检查完最后一个项目屯的项目实施情况后，他将各屯打分的卡片封印起来，并加盖公章，在项目评选那天再当众打开，这一天，他们共走了一个上午，用村民的话来说，我们都可以走到靖西县城再走回村里了。随后，他与各屯代表们总结第一轮、第二轮项目评选的经验，反复讨论制定第三轮项目评选的办法和方案，做到各屯都无异议为止。在秉承公正、公平的原则下，第三轮项目评选工作顺利结束。在事后的调查中，未得到项目的屯毫无怨言，他们心服口服，并保证将一如既往努力做好项目工作，争取以后获得项目援助。

到2008年9月份，百鲁村获得第二轮项目的6个屯中，已有3个屯完工，剩余3个屯已完成项目的80%以上；第三轮的项目建议书已全部完成并通过审核，资金申请手续也已完成，百鲁村项目进度走在了全县项目区的前列。百鲁村的项目工作取得如此成效，这一切离不开小林倾注的心血与汗水，请看下面一组数据：小林在百鲁村的6个月，召开各种群众会议60次，走遍百鲁村14个屯的每一个角落，手写制作明片400余份，写工作日记近3万字，协助完成项目建议书三十份；并且在与行动援助的洽谈中，为百鲁村多引进了三个项目近十万元。他所付出的艰辛与努力也是难以想象的：刚开始种玉米时，在烈日下被太阳直晒三个多钟头，回住处后，手臂疼的厉害，几乎脱了一层皮；帮别人插秧，连续两天腰痛难忍，难以行走；与村民一起修路，当天晚上手掌上就起了好几个血泡；冒着大雨翻山越岭去开社区大会，回来时，脚下一滑，屁股重重地蹲坐在竖出的石头上，连续3天无法坐下；为了节约时间，开会时一般都安排在早饭后或午饭后的时间，这样，在东家吃完饭后，他就必须要匆匆往开会的屯赶，由此也使他在如此年轻的岁月里，落下了胃病；曾经有半个月得了流感，晚上全身盗汗，难以睡眠，但白天仍然坚持去各屯开会书写项目建议书，讨论施工问题等等；这一切的一切，换来的是村民的深深爱恋，有一次，一位60多岁的老人，为了感谢小林帮他种红薯，硬是爬上一棵高四米多的土枇杷树，给小林摘最黄最甜的枇杷。村民对小林的感情之深由此可见。

是什么样的动力促使小林有如此高涨的工作干劲呢？答案可以从他的博客中找到。他在博客里这样写到：“我希望我们的农民能早日从贫穷中走出；我希望当太阳升起的时候，村民们可以在自家的阳台上欣赏农村美丽的风景，尽情地享受这本就应该属于他们的幸福；我希望在中国的每一个角落，当出现一位农民时，人们都给他/她投以羡慕的目光；我希望在中国的天空下，不再有对贫穷的鄙薄，而换之以鼓励的眼神和真诚的微笑”，“如果将农民比作水，我希望包括政府官员在内的并具有支农之心的非农人士们，不要让自己成为油；我们应该是糖，融化在汪洋群众之中，让她们变得甜美”。从短短的几行字中，我们还不能感受到小林那充满善良、同情和正义感的心吗？

在将要离开百鲁村的刹那，出现了本文开头动人的一幕。在村民的道别声中，坚强的小林终于流下了滚烫的泪珠，哽咽与啜泣代替了所有道别的语言；或许此时，也只有泪珠能表达这位年轻小伙子与村民们建立起的那种深深的感情。此时，或许他也是欣慰的，因为当他离开时，村里有饮水问题的屯都已得到了项目，未通道路的屯也已经得到了项目，村民的积极性、凝聚力和管理能力都已经不同往昔，当项目完工的时候，百鲁村民们将可以真正地实现“三通”；或许在不久的将来，百鲁村将成为新农村建设新的典型。而至于小林，我们也将永远为他祝福，祝愿他在新的工作岗位上取得新的成就，为扶贫事业再立新功。

去帮助那些需要帮助的人

杨桂林　云南文山州麻栗坡县

每天清晨，从边城麻栗坡县政府职工住宿楼到办公大楼几十米的水泥大道上，走着一位金发碧眼的外国女郎，她步履匆匆，逢熟人，就用熟练的普通话打招呼，脸上洋溢出真诚的笑，总给人留下和蔼坦诚的美好印象，她就是联合国志愿者白乐丽小姐。

我是从县外事办公室英语翻译倪春小姐那里认识白乐丽的，因为工作上的联系，我和白乐丽小姐有过几次接触，彼此熟识。她像其他熟识我的中国女孩那样，喜欢称呼我杨哥。我自然就承认她这位美国妹妹了。

白乐丽小姐出生在美国纽约，爸爸是一位小学校长，妈妈是公司秘书，她出生不久，就随父母离开纽约迁居夏威夷。在夏威夷她读完了小学。上中学时在科罗拉多州。中学毕业考上旧金山的一所大学读经济学，后来转学到首都华盛顿的大学继续完成学业。这期间，她开始学习中文。1989 年，白乐丽参加一次中美大学文化交流活动，第一次来到中国。在北京经贸大学里，她学习了一个学期的汉语，结束时，她回到美国完成学业。1991 年，白乐丽大学毕业，到了密西西比的农村中学当了一名历史教师。在密西西比，美国政府为了帮助初到美国的移民认识美国社会，实施了一个援助项目，白乐丽辞去了教师职业，报名参加了政府的难民救援工作。1992 年美国总统竞选，白乐丽结束难民救援工作，参加了美国总统克林顿竞选组织机构从事选民选票工作。1993 年白乐丽第二次到中国，在北京经贸大学进修汉语。1994 年 8 月，她回美国特拉华大学攻读农业经济学硕士学位。1996 年 6 月，白乐丽由于工作出色又懂中文，不久，公司便派她到美国温洛克农业发展公司驻北京办事处工作，先后在北京农业大学、农科院组织实施合作项目。就在这一年，联合国开发计划署招聘中德扶贫项目志愿者，白乐丽积极报名，获得批准，成为联合国志愿者。1997 年 7 月，白乐丽赴云南省麻栗坡县担任中德合作扶贫项目协调员。

我从倪春那里知道，白乐丽小姐就要结束她在麻栗坡的工作回北京，我便产生采访白乐丽的想法。一来为她准备一个告别茶话座谈，共叙几年来的友谊，二来想写写这位美国朋友在麻栗坡工作的情况。我通过倪春把我的想法转达给白乐丽，她愉快地同意了。

小城华灯初照的时候，倪春陪同白乐丽准时来到小城有名的“99 茶坊”。

茶室里，清新悦耳的音乐伴着闪闪的彩灯，给我们每个人带来几多的温馨和浪漫。

白乐丽神情欢愉，她举起啤酒杯，很中国式地对我说：“杨哥，感谢你请我喝酒，我们干下这杯酒。”说完，她领先喝完杯里的酒。

“我很高兴认识你这位美国妹妹，两年多来，你在这边远贫穷的小地方，付出了心血，做了许多好事，听说你要结束这里的工作回北京，我们还真有些舍不得你走哩。”我也端起酒杯对白乐丽说：“我敬美国妹妹一杯。”

“是呀！我在白小姐身边工作两年多，学到了不少的东西，特别是我的英语口语水平长进很大。”倪春说道。

“谢谢杨哥，也谢谢倪春小妹。来，我们共同喝酒。”白乐丽仰起脖子喝了一口酒。然后，慢慢放下杯子，说：“我只做了我应该做的工作，中国政府却给了我很高的荣誉，我只有加倍地努力为中国人民做一点自己应该做的事情，才对得起政府给予我的荣誉。”

“你获得云南省政府颁发的云南省外国专家彩云奖，还参加了云南省政府举办的中华人民共和国建国 50 周年的庆祝活动，有些什么感想，能说说吗？”我说。

“我的想法只有一个，那就是今后为中国人民多做一点事情。就是你们常说的那句话，全心全意为人民服务。”白乐丽做了一个虔诚的动作。看着她这美国式的幽默风趣样子，茶室里喝茶的人都忍不住笑了起来。

白乐丽最感动的第一件事，是她到麻栗坡后，随外事办的同志下乡，在一个叫做三家寨的苗寨，一间破旧的山寨小学使她激动不已，那是一个什么样的情景啊！呈现在她眼前的是，一群穿戴不一的苗族小学生坐在一间墙壁漆黑斑驳，桌椅破烂的教室里上课，50多双清纯天真的眼睛好奇地望着这位高鼻子蓝眼睛的来客。白乐丽从那一双双明亮的眼睛里读到一种期盼，她的心灵在震动，真真切切感受到自己肩负的责任重大。事后，她对县外办的同志说：“我没有任何理由不做好扶贫工作。”

回到县城，白乐丽眼前总是浮现出那一群天真可爱的苗家孩子坐在破烂不堪的教室里读书的情景，她再也坐不住了，一个决定在三家寨援建希望小学的念头便产生了。她把想法写信告诉了远在美国的爸爸妈妈，得到了爸爸妈妈的理解支持。从那时起，白乐丽开始筹集资金建校行动。终于，一个阳光灿烂的日子来临，白乐丽用自己的名义向麻栗坡县政府首次捐赠人民币3万元，用于新建三家寨希望小学。捐赠仪式上，白乐丽对县政府的领导说：“我的愿望是让贫困山区的孩子们有新书包、新桌椅和足够的笔墨坐在宽敞明亮的教室里安心学习。”捐赠仪式过后不久，三家寨小学就破土动工了。几个月后，麻栗坡县历史上第一所由联合国志愿者个人援建的建筑面积175平方米的新校舍在三家寨村落成。当地干部群众为表达对这位国际友人的尊敬，把小学命名为白乐丽希望小学。新校舍建成后，贫穷的孩子们所需要的学习费用和学习用品怎么解决，白乐丽又陷入了沉思。秋季学期开学了，孩子们正为学费发愁。又是一个阳光明媚的日子，白乐丽希望小学的孩子们又迎来了他们的白乐丽阿姨。白乐丽给孩子们带来了11 140元助学金、60多册图书和价值300多元的学习用品。当天的捐赠仪式上，白乐丽从中国外交部下派到麻栗坡县挂职扶贫的张迅副县长手上接过县委、县政府向她颁发的“树人育才、辉映千秋”的荣誉证书。看着红彤彤的荣誉证书，白乐丽第一次流下了激动的眼泪，这是当地政府和群众对自己劳动成果最好的报答啊。

川硐，一个地处高寒山区的边远小村寨，位于麻栗坡县下金厂乡中寨行政村偏僻的辖区内。小村有一所一师一校的小学，校舍低矮简陋，师生挤在破旧的教室里上课。白乐丽听到情况反映后，她请求县外办领导陪同，亲自前往川硐村考察，掌握情况后，当即拍板捐资3万元人民币建盖这所希望小学。四个月以后，一所设计美观、结构合理，建筑面积112.8平方米的新校舍出现在中越边境上的川硐小村。鲜艳的五星红旗飘扬在希望小学的上空。

白乐丽自己全身心投入帮助贫困山村发展教育事业的同时，也四处奔走牵线搭桥，动员更多的国际友人参加到帮助贫困地区发展教育事业的行动行列。经白乐丽牵线搭桥，美国友人彼得先生千里迢迢来到麻栗坡，深入到贫困山区实地考察当地教育情况，当看到下金厂仓房小学校舍破烂不堪，急需新建时，彼得先生当场决定筹措20万元资金建盖仓房希望小学。彼得先生回去不几天就一次性捐赠人民币4万元作学校项目启动资金。三个月后，彼得先生又带着九名美国友人捐赠的6.6万多元援助款转交给县外办作为仓房希望小学的第二批建设资金。

八布安恩寨是一个典型的苗族村寨，坐落在高山上，寨里近百户人家的孩子挤在一间墙体严重破裂，面临倒塌危险的小学校里上课。带队到八布乡从事农村基层组织建设工作的县人大常委会副主任刘锦强同志向白乐丽反映了安恩寨小学的危房情况。白乐丽从刘副主任送来的校舍照片看到了几乎要倒塌的破烂校舍时，禁不住流下同情的眼泪。她不假思索，立即写信给她的好友，向一对在云南红河州师专从事外教工作的美国友人永天辉夫妇求援，捐资建盖安恩寨小学。永天辉夫妇接到白乐丽的信后，深深被白乐丽的精神所感动。不久，永天辉连同自己妻子苏珊带着温克、飞丽霞夫妇，从蒙自专程前来麻栗坡实地考察安恩寨小学。两对美国夫妇看到安恩寨小学破烂程度比他们想象中的情况还要严重时，永天辉夫妇决定捐款5万元兴建这所希望小学。当听了学校教师谈到学生缺欠学费书费时，这两对美国夫妇又现场捐赠2 000元，资助了安恩寨小学秋季学期的学费和书费。安恩寨希望小学得到永天辉夫妇等外国友人的资助，经过几个月的紧张施工，学校于当年建成使用，苗寨孩子告别了昨天破烂的校舍，坐到了明亮宽敞的教室里读书。

白乐丽小姐到麻栗坡工作两年时间，不畏艰辛，勤奋工作，她不仅为圆满完成联合国开发计划署在麻栗坡县实施的中德扶贫项目的任务作出积极贡献，还对麻栗坡贫困山区教育事业的发展倾注了满腔的心血，谱写了一曲曲动人的中外友谊之歌。

1999 年 9 月，春城昆明是花的海洋，整座城市披上了节日的盛装。人们幸福地沉浸在浓浓的节日氛围中。9 月 30 日这一天，白乐丽小姐登上了 1999 年度云南省外国专家彩云奖的领奖台。她参加了省政府举办的中华人民共和国建国五十周年的庆祝活动。活动会上，白乐丽代表八名外国专家彩云奖获得者在国庆招待会上讲话……

小城的夜晚寂静安详。99 茶坊霓虹灯闪烁。茶室里，播放着那首动人的世界名曲《友谊地久天长》，白乐丽小姐愉快地畅谈着她未来的打算。

“在麻栗坡的工作结束了，回到北京，希望能继续留在中国工作。”白乐丽借着酒兴喝了一大口酒。

“你当初是怎么与中国结缘的?”我问她。

“也许是受父亲的影响，小时候父亲常常说，要乐于去帮助那些需要帮助的人。我从小就立下一个志向，长大后立志去帮助他人。在美国我阅读了许多介绍中国方面的书。喜欢上中国。上大学后，就选择了学习中文。几次到中国学习交流，对中国有了更深的认识。所以，能在中国工作，我很高兴。”

“我听倪春妹妹说你在美国贷款读书，贷的钱现在还没有偿还，你却还要用自己的劳动报酬资助中国贫困地区的学校，能承受得了吗?”我问道。

“有这事，我觉得能够承受得了。因为我还不是老太婆嘛。”

说到这里，白乐丽大笑起来。我们也跟着笑了。夜已深，该回家休息了，我举起酒杯，对白乐丽小姐说：“美国妹妹，谢谢你接受我今晚的邀请和采访。我祝你永远年轻、幸福。我们一同喝下这杯酒。”

我们在音乐声中相互祝福结束了这次的聚会。

走出 99 茶坊，我目送着白乐丽小姐的身影在橘黄色的路灯下渐渐远去，融入踏夜的人流。

知识进万家　受益你我他

——全球基金疟疾项目侧记

董国艳　云南省外资项目管理中心

项目简介：全球基金疟疾预防宣传项目于2007年9月3日在云南省临沧市耿马、镇康和沧源县正式启动实施，投入68万美元无偿资金，通过220名实地官员进村入户、面对面访谈，组织学校活动和集市演出等群众喜闻乐见的方式宣传普及疟疾预防知识，从因病返贫角度切入，参与大面扶贫系统工程。

在临沧，有这样一群人，无论寒冬炎夏，无论下雨刮风，在每个村子里都能见到他们的身影。只要有人的地方，总有一位疟疾宣传员在讲解疟疾防治知识，他们就是全球基金疟疾项目的乡村疟控员。

他，王永红，男，40岁，云南省临沧市沧源县班老乡上班老村疟控员。王永红是上班老和下班老两个行政村的疟控员，他当上疟控员以后的第一批宣传对象是自己的家庭成员，用他自己话说，身为宣传员，就要从自己家里做起。

王永红坦言说，一开始，群众很不情愿接受宣传，因为不习惯这种新的宣传方式，后来坚持一家一家地去说，大家慢慢地也就愿意听他说，还会和他讨论一些预防和治疗的事情。他坚持每天走访10户，反复宣传了3次，另外村里每次开会他也要去会上宣传。他说上班老和下班老以前的发病率很高，现在虽然少了些，可发病率仍然有40%，比起其他地方还是很高。村民们一直被这种病折磨却很少有人积极地预防和治疗，还是因为知识水平落后，意识不到位。

对王永红来说，这个工作最难的问题是交通不方便，整个班老乡的路都很烂，而且这里雨水太多。被雨水常年浸泡的土路已经完全被车轮轧坏了，雨大的时候就很多地方都去不了。但是尽管辛苦，王永红却一点也不后悔。他说他这样跑来跑去地宣传，终于被村民们认可了，不管去到哪里大家都会热情地招呼他，这里的村民很穷也很朴实，大家都经常会把家里最好的东西拿出来招呼他，让他很不好意思，也很感动。

王永红说，这份工作得到了村民的支持和尊重，自己以后应该更加努力地履行好自己的职责。

他，胡志明，男，30 岁，胡源，男，9 岁，云南省临沧市沧源县班老乡下班老村村民。见到胡志明的时候，这个中年汉子的脸上带着愁色，跟他聊起疟疾才知道他的小儿子正是得了这个病，已经在家里躺了一个星期。胡志明有两个孩子，大的 12 岁，小的 9 岁。小儿子胡源是四年级的小学生，他 3 年前染上了疟疾，经常发病，每次发病的时间从 15 天到 2 个月不等。常年被这个病困扰着，使得胡源显得异常瘦弱，而且学习成绩也严重地被影响了。看见胡源的时候，他正躺在沙发上，无精打采的样子，他说班里有些同学也有这种病，一发病就好长时间不能去学校。自己这一次发病又是一个多星期，身体很难受，而且又不能和同学们一起，心里着急得很。

胡志明说，以前也知道疟疾是蚊子传播的，但是没重视，家里从来不防蚊，结果小儿子就染上了这个病，现在很后悔，全家都尽全力照顾小儿子，希望他能快点好起来不要再发病。另外，他还说，疟疾其实在寨子里是很普遍的，但是很多人都不懂汉话，更不认字，以前有人来贴过海报，其实大多数人都看不懂，所以一直到现在还有好多人都不知道病因。他觉得疟控员来宣传的效果很好，一方面疟控员是当地人，和村民们比较容易沟通，另一方面，到家里宣传，大家比较容易记住，开大会好多人都不认真听。这种宣传方法很必要，应该继续下去。

他，何南方，男，16 岁，云南省临沧市镇康县白岩村村民。何南方是一个懂事的孩子，见到他的时候他正扶着哥哥来诊所输液，他哥哥得了肺结核，已经治了很长时间了。何南方已经没有再读书了，他说他有一个哥哥一个姐姐，哥哥在生病，姐姐在读高中，自己要留在家里帮忙干活供姐姐读书。不过他还是希望能哥哥的病好些以后能有机会再回学校去。

何南方自己从来没有得过疟疾，但是对这个病他一点也不陌生，因为家里有好几个人都得过。他说小时候看见家里人大热天还要盖好几床被子觉得奇怪极了，那时候听说这种就叫做打摆子，但是没有人知道为什么会得，也不知道要怎么预防，一点办法也没有。去年起，陈医生经常到家里去宣传，还带预防药给他们，陈医生说的他都听懂了，还帮着跟亲戚宣传，现在全家人都吃预防药，还点了蚊香。

何南方说，以前不知道这个病是蚊子传播的，一直很担心自己说不定哪天就会得，后来知道只有蚊子才传播，只要对症下药做好预防措施就不用担心了。很高兴有人能够教他们这些知识。他说生病是很糟糕的事情，自己的哥哥现在就在生病，如果哥哥不生病自己就能读书了。以前大家对健康的知识了解都很少，也没有预防的意识，应该多一些宣传，让大家懂得怎么保护自己，不要生病。

她，周小晶，女，项目小组长。见到周小晶的时候，她已经有7个月身孕。我问她，“怀孕还要下乡是不是很辛苦?”她笑笑说，“我能应付的。”她的笑容很单纯，看来让人觉得舒服。

周小晶是昆明人，在学校里是学医的，我非常好奇，问她为什么选择做这样的工作来这里，我觉得她完全可以做一份更安稳的工作。她还是笑笑，“我喜欢这样的工作。”这个理由很简单，但其实也足够了。其实我想说，她挺了不起的，不管她看起来是一个多么平凡的人，做的是一份多么平凡的工作。

对周小晶来说，选择了这份工作便意味着选择了完全不同的生活方式，在这份工作里，她体会了很多新鲜的经历。她说第一次去村子走访，不认识路，跟着两个背夫走了 3 个小时才到。那是她第一次接触农村工作，心里没什么底，不知道该如何开展，可是当村干部和村民看见她走那么远的路来宣传的时候都特别配合，结果工作异常顺利。从此周小晶知道，自己的努力别人是看得见的。

周小晶说，以前没想到这里的疟疾这么严重，问 10 个人，其中有至少有 5 个得过疟疾。而且好多人都不懂得正确地预防和治疗，特别是一些比较偏远的村寨，大家生了病都不去医院只是自己采草药吃。周小晶和疟控员们一起挨家挨户去走访，6 个月以后，在项目结束的总结会上，疟控员们对周小晶说，以后就算项目不再发钱给他们，他们也会继续宣传，因为提高意识真的很重要。

周小晶正是用自己的努力感染着身边的人，把信念带进了村里。

他，张忠强，男，35 岁，云南省临沧市镇康县南伞村文书。张忠强是一个热心的人，他的妻子在去年做上了疟控员的工作，他也积极地帮助宣传。他说疟疾项目在边疆地区真的是起了很大作用。南伞村并不是贫困的村寨，这些年来经济搞活了，人们的收入也大大地提高了，2007 年南伞村的人均纯收入超过了 4 000元。但是因为地处边境，村民们的健康意识也很落后，以前这里的疟疾很严重，村里一家一家地病倒，但是很多人都不知道传播途径，以为是饮食或气候造成的，甚至有些人不知道自己得的是什么病就随便拿药吃。经过这一段的时间宣传以后大多数村民都拉起蚊帐来，家境好的会自觉装上纱窗。南伞地处中缅边境，村里有很多人去缅甸打工，有些在那边得了病无法治疗就死在国外。现在大家都有意识，出境前会准备蚊帐和药。

张忠强说这样的项目很到位也很及时，这样的宣传配合新农村建设效果非常好，农民在居住条件改善的同时有意识地加强预防措施，这样更是的事半功倍。农民健康条件的改善也使得他们更加热情投入到生产生活，对经济的发展有很大的推动作用。边疆地区过去“因穷致病，因病致穷”的恶性循环有了改善。

张忠强说，对农民宣传一定要有针对性和持久性，多种宣传方式相结合才能提升整体效果，对稳定农户家庭的经常性医药支出也非常好。

今年8月底对临沧市沧源县的一项影响评估显示，受评估的8村375户农户中，入户宣传信息覆盖100%，宣传材料家庭覆盖100%，疟疾知识知晓率平均值为78%，所有受访农户都表示非常有必要进行此类宣传教育，对稳定家庭经济收入非常有帮助。

互助扶贫　综合发展

——香港乐施会剑川县象图乡江头村扶贫记

尹金域　云南大理州剑川县乐施会项目办

当年的山村　当年的路

1998 年深秋的某个清晨，崎岖泥泞的山路上，一位单瘦的中年汉子背着齐膝深的大筐，披星戴月往前赶。他要行走大约六小时，赶到距家近 20 公里的集市，把芸豆换成粮食，并带回盐巴等生活必需品。回到家时，已是夜幕低垂。

这样的情景，对于云南剑川县象图乡江头村的李毫兴来说，真是再熟悉不过了。似乎从自己记事以来，祖祖辈辈为了赶集，都是“两头见星星”的行走在村子与云龙县大龙乡之间的山道上。这条不成路的“路”，成了山里人了解山外的唯一途径。

到 1999 年时，这个人口密度只有 22 人/平方公里的村子，仍然有 80% 以上的人每年有 2～3 个月缺粮。不通电、不通公路、人畜饮水无保障、无卫生员和卫生点，构成了李毫兴生活的基本情境。

如此情境一直令当地政府部门，特别是扶贫系统牵挂和揪心。直到 1999 年，通过这条不像路的路把香港乐施会——一家国际知名的扶贫组织，领到了象图乡。从此，在扶贫办与香港乐施会合作的推动下，山村人民的生活开始翻开新的一页。

找准贫民的急迫需求

乐施会来到象图乡的第一件事，就是在村子里做“参与式农户需求评估”。至今仍让李毫兴念念不忘的是，社区里第一次开村民大会前有专人通知他参加，会上村干部鼓励他发言。针对大部分农户不识字的情况，项目办人员用当地流行的符号和图形代替，让村民在各种需求的急迫性上“投票”。“当时大伙提出了一堆需求：人畜饮水、修公路、生产资金、养猪、养羊、养牛、中药材种植、改善居住条件等，在农户大会上让我们对最急盼解决的项目投‘芸豆’，最后根据‘芸豆’的多少确定了‘一水二路三资金四养牛’的项目顺序。县里据此进行了规划，最后农户大会上通过的首批项目是人畜饮水和母畜贷款工程”。作为亲身参与者，李毫兴对当时的情形历历在目。

在确定贫民真实急迫的需求时，项目办坚持贯彻乐施会的项目经验和原则：项目的需求来自农户、项目的实施监督管理都以农户为主体。这样的话，李毫兴一开始听得不是十分明白，也有些怀疑。作为村里的极贫户，开始时他仍像往常一样，只敢安安静静地坐在一边听别人说，即使领导鼓励他发言，他也是使劲儿摆摆手或者摇脑袋，最多憋出句：“挺好的，没想法。”后来他看到平日里一起种地一起晒太阳的其他村民也都你一言我一句的在村民大会上讲话，便也放开胆子说出了自己的心声。渐渐地，他感觉到自己在村里的地位有了变化，不必再低着头做人了。

以社区组织为中心　在互助中助己

找准需求仅仅是第一步，要真正解决问题，在恶劣的自然条件下谋求一条可持续的非贫困化生活，单靠个体家庭是不可能的。在整个项目的设计和运作中，乐施会都把社区组织的建设作为重心，通过社区合作组织、农户自愿结对组群等方式，在互相扶持中共同对抗贫困。李毫兴清楚地记得，1999 年做人畜饮水和母畜贷款项目时，在项目办的倡议下，自己所在的村子成立了大满山红社区发展委员会，专门管理乐施会社区发展基金。乐施会提供的这笔集体资金，既用于解决社区的公共事务——建人畜饮水工程，也用来向贫困农户发放无抵押的有息贷款，以购买牲畜等生产资料。

大满山红社区发展委员会设置了正副主任、会计、出纳等职位。这些职位都在全社区农户中由村民选举产生。“我们一般都选择那些在社区里有公心、良心好，又有能力的人。”李毫兴的话代表了大多数村民的心声。在处理社区公共事务时，一方面委员会承担组织者角色，另一方面，所有的重大决定，如贷款制度，贷款金额，还款方式，利息收取等都必须开社区大会通过。而倾听贫困户、妇女的声音更是成了社区工作时的重点。“刚开始时，妇女很少参加会议，也很少说话，通过这几年项目的实施，妇女参会的人多了，在会上说话的人也多了，这主要是几年来在做项目中他们（协助者）先问我们妇女的意见。特别是通过妇女培训后，我们的信心得到提高，在开会中也讲讲我们的想法。”大满山红的李美兰满怀喜悦地说。

最让李毫兴难忘的是，项目办在提供给自己贷款过程中，始终强调跟其他农户的合作互助，并提供相应的技能培训，最终要让村民自我管理：“项目开展前，我家 5 口人就居住在一幢三间的土木结构的房子里，家中只饲养了 1 头耕牛，3 头生猪，家庭收入主要以种植粮食为主，家庭生活十分困难。通过不断参与项目讨论和项目活动，我认识到：没有一个长期、稳定的发展产业就根本不能摆脱贫困。于是项目办给我提供了种植养殖培训，并让我跟其他农户自愿组队，大家互相担保，向社区申请发展基金购买泡核桃和牲畜。几年下来，我已成了村里种植养殖能手，也开始规划自己以后的日子了。”

原江头村书记赵义君对村民们互助的功能则有更宏观的认识：“在我们这里近 10 户贫困户主要是没有大牲畜。只要将贫困户和其他农户组成互助小组，集体向社区申请贷款，让他们购买、发展大牲畜，在放养牲畜时大家可以互相帮助，并特别照看那些没劳力的家庭。通过几年发展，除1户外出打工外，其他9户大牲畜都发展到七、八头，多的有十几头，生活有了很大改变。”

在社区综合发展中告别贫困

乐施会扶贫项目的一大特点，是持续性的关注贫困社区的综合发展。因为导致贫困的原因往往是多方面的，在寻求脱贫之路时，就不能“头痛医头、脚痛医脚”。把握致贫各因素的内在关联，找到入手处，逐层深入，全面发展，最终改变整个山村的面貌，才是可持续的非贫困化生存之道。而这，就是乐施会社区综合发展的要义。

李毫兴所在的大满江红社区，从1999年启动首批项目以来，头三年就先后实施了人畜饮水、畜牧示范、小额信贷、医疗卫生、教育、农户能力建设等项目组成。项目从解决贫困户的基本生活保障开始，逐步覆盖到医疗卫生和教育等领域。伴随项目的实施，山村内社区组织日益完善，逐步具备独立管理运作的能力。整个社区的凝聚力、和谐度更是得到了极大提升。正是鉴于此一良好社区基础的存在，乐施会支持了云南省外资中心二期项目的申请，从2003年开启了乡村公路建设和村庄社保及文化建设等新增项目。

修公路那段日子，至今让李毫兴刻骨铭心。天不亮各家的男性劳力就按组赶到工地，年轻妇女在饲养牲口料理好家务后，也背着孩子加入了修路行列，忙着搬运土石。风里来雨里去，前前后后几个月，终于修通了这条乡村公路。随即建起了社区农贸市场，结束了象图乡没有市场的历史。“从此，我们再也不用‘两头见星星’的赶集了，生活便利得多，与外界的往来也多起来了。”农副产品买卖的便利，对李毫兴家收入的提高有了直接帮助。

一路通，百事顺。在后续的项目里，乐施会与扶贫办继续联手，在社会保障和文化建设上不遗余力地给予支持。修社区文化活动场所，建社区卫生室，对乡村医生提供培训，为贫困农户子女就学提供无息贷款……大满山红的卫生员赵义存明显感到现在交通信息方便了，药品也能很好很方便地运回到村子中，有什么急性病也能很快把乡卫生院的医生请到这里来，或者很快地出去卫生院看病。这样的措施，很大程度上避免了因病返贫的发生。

一条社区综合发展，最终摆脱贫困过上温饱生活的康庄大道，展现在江头村人民面前。

新经济下的新生活

现在的李毫兴，每年泡椒收入就有近万元、大小牲畜年均存栏量在 30 头左右。生活改善的他去年又新建了一幢三间新房。“现在泡椒种植和畜牧业养殖成了我家稳定可靠的收入来源，如今的我家生活基本宽裕了。”

像李毫兴这样的农户如今在社区里很普遍了。江头村项目区 1999 年 142 户只有 121 头大牲畜，458 只羊，人均占有粮食仅 266 公斤，农户缺粮 3 个月左右；人均纯收入 825 元。到 2007 年，社区养牛 1 056头，马 372 匹，羊 2 167多只，猪 724 头，户均大牲畜近 8 头、羊 18 只；人均收入提高到 2 160元，集体资金也积累了近 3 万元，社区公益活动也日渐增多。一条以大牲畜养殖为主、以泡椒种植为辅的山区河谷可持续发展模式，已经形成。

展望未来，李毫兴对新生活充满了信心。

真情援助托起边远山区发展之路

张世贵　云南昭通市永善县扶贫办

务基乡位于永善县西南部，属全省重点扶持的贫困乡之一。“十五”扶贫期间，乡党委政府对如何加快全乡经济发展步伐，带领群众早日脱贫致富作了深入的调研，形成了围绕增收调结构，走以经济林果为主线，以畜牧、蔬菜为两翼的产业化发展思路，重点培植和打造花椒产业。2005 年末，全乡花椒种植面积达 15 000 多亩，仅捏池村就达 4 000余亩，人均 1.5 亩，成为全县花椒主产区。正当老百姓看到希望的曙光时，一场灾难却悄然袭来，花椒病虫害袭卷全乡，花椒产量大幅度下降，椒农经济收入大减，农户返贫率逐步上升，厚厚的阴云笼罩在当地干部群众的脸上。

“一方有难，八方支援”，香港乐施会得知此情况后，向灾区人民及时伸出了援助之手，委托省林科院和永善县林业局对务基乡花椒病虫害进行专题调研，并确定以捏池村为试点，投资 29.2 万元实施花椒病虫害综合治理项目，同时在全乡开展大规模的花椒病虫害技术培训。乐施会专家组经过深入细致的调查研究，制定出了切实可行的实施方案，确定对务基乡花椒病虫害综合治理项目采取分步实施：一是走访调查，取样鉴定，确诊病种，对症下药。通过取样鉴定，务基乡花椒有蝇蚊、几丁、天牛等六种虫害，一种病灾。二是根据确定的病虫害种类进行分类防治，如蝇蚊虫病采用修剪病枝、几丁虫采用草绳、薄膜等包扎，对枯死的椒树进行清理焚烧，均取得了明显的防治效果，极大地提高了椒农的积极性和主动性。三是项目实施结束后，进行全面的评估验收，总结有效的方法和成功的经验，并把取得的经验在全乡乃至全县推广。四是跟踪问效，此项目于2006年实施结束，2007年、2008年，香港乐施会连续两年对花椒病虫害综合治理项目进行了多次跟踪回访。通过两年的艰苦努力，不仅扭转了务基乡花椒产业几乎面临毁灭的局面，并且使该产业在全乡得到了巩固和不断发展壮大。

一波未平，一波又起。2006年7月6日，务基乡捏池村又遭受了百年不遇的洪涝，灾区房屋大面积倒塌，人畜饮水和农业灌溉用水中断，人民生产、生活极度困难，阴云再一次笼罩在乡亲们的脸上。灾害无情人有情，灾情发生后，乡人民政府与正在绥江县查看灾情的乐施会项目官员卢文波女士取得了联系，卢女士接到灾情报告后，于第二天就组织人员赶赴捏池村进行实地考察评估，入户访谈，并确定对捏池村再次实施紧急援助项目，投资15万元帮助灾区人民修沟渠、建管引，使灾难深重的捏池村人民群众又一次渡过了难关。

香港乐施会在实施援助项目中，始终坚持实事求是的工作作风，与贫困人群一起面对困难，解决困难，让贫穷人群有均等的资源和发展机遇。“助人与自助、对抗贫穷”是乐施会贯行的宗旨，在工作中他们坚持“公开、公平、公正”的原则，对方案制定、物资采购、发放等每一环节都进行严格的审查和监督，确保每一分钱都用在刀刃上，并让其发挥更大更好的效益。

在工作中，乐施会奉献、敬业、执着的精神感动着身边的每一个人。从项目的调查、实施、验收、回访，乐施会的项目官员卢文波都亲自参加，并多次与群众座谈，倾听灾民的心声，与承建单位一起研究方案。捏池村山高坡陡行走艰难，但卢文波女士说：“你们能到的我一定能到。”四年来，捏池村的每一个角落都留下了她们的足迹。

在生活中，乐施会要求勤俭节约，不打扰老百姓，不允许随意在老百姓家中吃饭，如果下乡路途遥远，不能返回驻地而必须在农户家中吃饭，工作队员实行“AA”制出生活费。香港乐施会对工作的一丝不苟、对生活勤俭节约的良好作风在永善县务基乡广为人知，使广大干部群众受到了教育，激发了灾民生产自救的积极性。

在香港乐施会的援助下，务基乡党委、政府依托地方资源优势，进一步统一思想、明确工作目标、任务和措施，围绕加快发展这个主题和结构调整这条主线，重点培植以花椒为主的经济林果产业，并以点为基地，以点带面，以面连片，整村推进，整体发展。几年来，地方农业产业结构调整成效显著，粮食作物比重下降，经济作物比重上升，农业基础地位进一步加强，农业产业化水平不断提高，外联市场内联基地和农户的花椒产业协会组织快速发展，花椒示范基地、示范园区建设亮点迭起，优势产业培植成效明显，片区经济重点突出，特色鲜明，“一乡一业”、“一村一品”的产业格局已基本形成，产业发展初见成效，人民群众物质生活水平逐年提高。2007 年全乡农村经济总收入达 7 000余万元，农民人均纯收入达 1 780元，比全县平均水平高出 170 元，其中年花椒收入达 3 220余万元。椒农仅花椒产业一项年户均收入就达 4 286元，人均达 983 元。

务基乡花椒产业的发展壮大，凝结着乐施会项目官员和建设者们的辛勤劳动和无私奉献的结晶，它对促进永善贫困地区农业产业化进程，带动贫困地区经济发展，增加贫困农户收入起到了积极的推动作用。

文明之花盛开壮家新农村

——麻栗坡县麻栗镇盘龙小寨村专笔

黄　华　云南文山州麻栗坡县外援办

小寨村是云南省麻栗坡县麻栗镇盘龙村委会所辖的一个壮族自然村，距县城10公里，交通便利，自然条件较好。在外交部的帮助下，自2002年以来，各种培训项目陆续在该村开展。2006年该村又被麻栗坡县委、政府列入小康示范村建设加以改造。目前，该村已发生了翻天覆地的变化，成立了村文艺队，村民们个个精神饱满，村容村貌整洁，社会治安良好，邻里关系和谐，家庭和睦，人人自觉求上进，个个自发谋发展。2006年底，人均有粮416公斤，人均纯收入1 662元。

澳大利亚政府援助的妇女儿童权益保障培训项目及农村妇女法律和家庭知识培训项目充分提高了妇女的地位，保障了儿童的健康成长，促进了社会和谐发展。

在外交部的关心、帮助下，自2002年以来，澳大利亚政府无偿援助47万元在麻栗坡县实施了妇女儿童权益保障培训项目及农村妇女法律和家庭知识培训项目。小寨村作为项目覆盖村寨之一，村民受益较多，感慨颇深。在妇女儿童权益保障培训中，一位年迈的老妇人一手拄着拐杖，一手拉着授课人的手，激动地说："我活了这么一大把年纪了，听到这样的讲课还是第一次，从前根本就不知道还有我们妇女权益保障之类的法律，以前的男人就是太横，凡事不管对不对，动不动就动手动脚，我们女的啊就知道忍着，现在可好了，我们妇女的权利有保障了，不用再担惊受怕了。"一位中年男性也笑着说到："我们是书读少了，算是没文化的人吧，以前也不知道如何好好地教育自己的孩子，我们大人以前对自己的孩子啊，他们犯错时就只知道骂啊打的，还认为自己养的孩子，自己想怎么教就怎么教，哪知道还有什么儿童保护法呀，现在学习了，懂法了，也知道该怎么教育他们了，不会乱打他们了，我们会鼓励他们好好学习的，让他们知道知识的重要性，将来不能像我们一样做文盲和法盲了。”他还对同村的男性们笑笑说：“你们今天都听到了，打老婆是违法的哦，以后谁要是还敢动手打老婆啊，谁就是吃了豹子胆的大笨蛋了。”他的一席话，让大伙心里亮堂起来。

欧盟项目培训增强了妇女的法律和文化意识，增进了她们对保健与卫生知识的了解，为社会主义新农村的建设奠定了坚实的思想基础。

2002 年，经中华人民共和国外交部代表中国政府与欧共体委员会签署外援赠款合同，欧盟项目得以在云南省的麻栗坡县和金平县实施，项目旨在提高两县妇女的经济、社会和文化地位，是迄今为止在云南省范围内实施的最大的培训项目，投资大、持续时间长。在该村举行的各项培训深受广大妇女同胞的欢迎，她们祖祖辈辈生活在这里，与外界接触较少，思想意识落后，法制观念淡薄，通过授课教师耐心细致的讲解和生动活泼的举例说明，广大妇女受益匪浅，她们不仅知道如何用法律保护自己，使自己的合法权益不再受到侵害，还懂得了过去长期困扰她们难以启齿的生理健康问题。该村一位老大妈感慨地对授课人员说：“今天听你们讲了，现在我们也懂法了，知道怎么用法律来保护我们自己了。”一位中年妇女也动情地说：“你们早就应该来给我们讲这些了，看看我们这些女的，自己的身体不舒服也不愿说出口，总怕别人会笑话自己，说自己有什么毛病，没想到今天听你们讲讲，原来我们女人呀有什么妇科病都是正常的，现在好了，我们有什么问题也不用躲躲闪闪的，可以正大光明的上医院检查了。”

西班牙政府援助的种养殖业培训提高了妇女的实用技能和文化水平，为农民增收和社会主义新农村的巩固提供了持续的物质保障。

在外交部的关心、帮助下，自 2002 年以来，西班牙政府先后无偿援助近90万元培训资金在麻栗坡县实施了农业种植和畜牧业养殖技术培训项目，使麻栗坡县的广大农民切实得到了实惠。小寨村作为项目覆盖村寨之一，村民们切实地感受到了科技知识的重要性及知识带给她们的好处，通过县级农业、畜牧业部门技术人员生动的讲解和现场的示范性模拟练习，村民们思想观念转变了，过去通常认为在什么季节只能栽种什么农作物，现在知道了只要有技术就能栽种反季节的农作物，也充分尝到了反季节农产品带给他们的经济实惠，知道了养猪猪食不用煮，猪还长得更快，尝到了用大肥猪换取钞票的魅力了。有了村文艺队，精神生活丰富了，空余时间也过得充实。

该村村支书逢人便自豪地说："看看我们村的新面貌：年轻人学到技术都外出打工赚钱去了，聚众赌博的现象消失了，村里好酒贪杯人也没了，这些人哪去了？看看我们的田间地头，昔日的醉鬼也知道帮老婆做农活赚钱了，偷牛盗马人没了，我们的治安好了，再看看我们的村文艺队，从2006年组建以来，我们村越办越好。奥妙在于我们的妇女们观念变了，知道该如何赚钱发家致富了，有了钱，她们外出的机会也多了，眼界开阔了，这一切都得益于外交部帮扶培训项目的开展。"

外资扶贫为嘉陵农村带来新变化

王道金　四川南充市扶贫办

2006年，国务院扶贫办外资项目管理中心和世界银行合作开展的社区主导型发展试点项目，将一种新型发展模式——社区主导型发展模式引到了中国，引到了南充，引到了嘉陵区。

以往的扶贫项目，都是以政府为主，有的甚至直接由专业工程队完成，群众虽然享受到了扶贫成果，但也养成了等、靠、要的依赖思想。社区主导型项目以一种新的模式、新的机制，在项目启动和实施前后，让农民自己决定怎么使用项目资金，项目资金用来解决哪些最需要解决的问题等，提高了农民自主脱贫的能力。CDD外资扶贫将资源的决策权完全交给农民，由农民来决定是修路还是种菜，决定由谁来实施，由谁来用钱，政府则负责监督、支持和服务。创新了新时期的扶贫理念和扶贫方式，顺应了新农村建设的要求。

通过外资项目的实施，嘉陵的山更青了、水更秀了、路更宽了、人更勤了、村更靓了、社会更加和谐了。

（一）

嘉陵区是1995年9月南充撤地建市时新成立的县级行政区，位于四川盆地东北部、嘉陵江中游西岸，幅员面积1 278.9平方公里，总人口66万，其中农业人口占90%。该区当时属于典型的农业大区、工业小区、城市白区、财政穷区。行路难、用水难、增收难、发展难等问题一直困绕着当地百姓，很难走出贫困的阴霾。

党和政府没有忘记世代居住在这片红土地上的贫困百姓，1994年，该区被列为国家重点扶持的贫困县，1999年越温达标后，2001年又被列为新一轮国家扶贫工作重点县进行扶持。党和政府在为该区安排以工代赈资金、财政扶贫资金、浙江对口帮扶资金等大量扶贫资金项目的同时，1993年开始引入世行贷款项目进行扶持，这项实施了长达10年之久的秦巴山区扶贫世界银行贷款项目，投入资金达14 486万元，其中世行贷款5 667万元，项目惠及该区8个乡镇，93个行政村、2.6万户，近10万人。为了适应新时期扶贫开发和新农村建设的新要求，2006年，国务院扶贫办外资项目管理中心又帮助该区引入社区主导型外资扶贫项目，为该区的扶贫攻坚和新农村建设注入了新的活力。

（二）

嘉陵区委、区政府抓住CDD外资扶贫这一难得的历史机遇，以世行赠款和国内配套扶贫资金为引子，组织群众大力实施以改善贫困农户基础设施条件、建立社区发展基金、保护自然生态环境为主的项目建设，取得了非常明显的成效。

基础设施条件明显改善。通过小型基础设施与公共服务项目的实施，使该区15个项目村55个社实现了社通公路，解决了一万人的安全饮水问题；新增工程蓄水量15万立方米，增强了项目农户抵御自然灾害的能力。金宝镇文官沟村三组83岁的村民何成汉，天天坚持到工地帮忙，并积极主动协调解决工作中的纠纷与矛盾。他说："村道公路通了、吃水的问题解决了，子孙后代都享福啊。"

生活环境明显变化。通过自然资源管理和环境改善项目的实施，社区环境明显改善，人居环境得到优化。项目区扩大了林地面积455亩，森林覆盖率有所提高，涵养了水源，减少了水土流失，改善了环境质量；224户使用上了清洁、卫生的厨房和厕所；120户农户用上了洁净、卫生的农村新型能源，解决了农村燃料紧缺的矛盾，保护了生态，改善了生活环境。许多村民家里的厨房干干净净，拧动沼气点火开关，锅底下便升腾起蓝色火苗。村民们高兴地说“有了沼气，煮饭、洗澡、照明，安逸得很哟。”

社区发展基金初显成效。为增强贫困村农民发展后劲，解决用款难、发展难的问题，李家观村的10个自然村村民按照CDD项目的要求，讨论制定了社区发展基金章程，组织村民筹集入股资金3.2万元，股金总额达到7.2万元。把农户个体拥有的资金特别是闲散资金集中起来，形成了一定规模的资金量，使社员能够及时获得资金支持，实施生产计划成为可能，从而有效地解决了农户生产中资金紧缺的问题，为贫困户脱贫致富奠定了基础。石楼乡李家观村2007年仅半年时间就为62户农户累计贷款3万元，当地农民利用发展基金养殖小家禽，人均增收达800多元。

主人翁责任感明显增强。全区组建自然村项目实施小组和自然村项目监测小组各118个，组建行政村项目管理委员会和行政村项目监测小组各15个。15个项目村，118个项目实施小组通过群众评选打分向村项目管委会提交了171份小型基础设施和公共服务项目建议书，有97个项目实施小组向村项目管委会提交了110份自然环境资源管理项目建议书，参与村项目管理委员会进行项目竞选。项目实行公开、公平、公正，保证群众享有充分的知情权、监督权。村民的参与权受到尊重后，参与项目实施的积极性大大提高，主人翁意识明显增强。

干群关系明显改善。社区主导项目的实施，为村民提供了交流和沟通的平台，促进了村民之间的团结互助，减少了邻里纠纷。文官沟村CDD项目从社区动员开始到项目实施仅半年时间，共召开了各类项目会议40多次，参加会议人数达1 500人次，每次参会人员上至80多岁的老人，下至十几岁的少年，都积极参加会议，基本没有迟到早退和无故缺席现象。项目村干部、群众心往一处想，劲往一处使，共同建设自己的社区，干群关系得到了改善，促进了社区和谐。

项目成本明显降低。项目实施小组和村项目管委会在自主决策项目投资单价时，本着用较少的钱办较多的事的原则，坚持实事求是，精打细算，厉行节约，努力降低项目投资成本。据统计，在小型基础设施及公共服务子项目建设中，每个村只有 20 万元 CDD 项目资金，而平均每个村评选出了 4 个以上的自然村实施项目，平均每个项目的投资均在 5 万元左右，投资最多的项目也没有超过 8 万元。按照同一个项目的技术标准，村民自主决定的预算单价要比国家定额预算的单价低 1/3 以上，比过去传统式实施项目节约投资成本在 2/3 以上。由于农户参与程度高，资金拨付环节减少，避免了项目资金的流失，工作效率提高，投资成本降低。

社区凝聚力明显增强。通过项目的实施，社区项目管理组织成员和村民在理解社区主导发展理念的基础上，社区成员共同参与项目决策、实施、管理，社区的凝聚力明显增强，社区和农户的自我组织、自我管理、自我保护、自我发展的能力得到了较大地提高。

各种资源得到有效整合。社区主导理念不仅在项目村深入人心，而且区级领导、区级各部门在参与 CDD 项目的实施过程中，加深了对社区主导发展理念的理解和认同。在 CDD 项目试点成效的影响下，区交通局和农业局等主动增加了对 CDD 项目村村道公路和沼气池项目的配套试点工作。

社区主导理念在新农村建设中得到广泛运用。全区人饮安全、村道公路、新村建设和以沼气池为主的农村能源建设项目，均采用了竞争立项机制，竞选村发动群众全方位参与，召开村民会议讨论确定参选项目、实施方案、投劳集资方案和后续管理办法等。相当一部分干部、群众的观念得到转变。一种全新的理念在扶贫开发和社会主义新农村建设中得到广泛应用。

（三）

2007 年 11 月，国务院扶贫办外资项目管理中心和世界银行在南充召开了“社区主导型发展与新农村建设研讨会”，会议期间，世界银行环境与社会发展局局长帝尚礼等参会代表深入嘉陵区社区主导型发展项目试点村实地考察，他们一路走一路看 CDD 项目带给农村的新变化，当帝尚礼先生踏上实施 CDD 项目建起的连组水泥小道，连连说：“这样的便道修得太好了，它令我难忘!”当得知本村外出务工技能人员主动回乡担任技术指导时，他对整合资源实施 CDD 项目的做法连声说“OK”。

金宝镇文官沟村的村民们用贴满图片的展板反映 CDD 项目带来的变化。自从 2006 年 7 月该村纳入 CDD 项目试点村以来，已投入 29 万元，其中 CDD 项目资金 22 万元，建起了集中供水站、整治了山平塘、修通了村路，部分村民实现了生活环境美化，生活用水自来水化。曾当过村党支部书记的 87 岁老人何成汉，拉住帝尚礼先生的手激动地说：“CDD 项目让村民们在学中干、干中学，思想观念得到转变，脱贫致富能力得到增强。”老人的肺腑之言，激起了帝尚礼先生的共鸣，他衷心希望项目能带给农村更大的发展和变化，祝愿老人健康长寿。

代表们参观了李家观村的乡村公路、小型养殖户、植树造林等项目。“社区发展基金为我致富提供了启动资金”，李家观村村民韩立秋兴奋地告诉代表们。5 月份他通过村里的社区发展基金贷款 1 000元养了 100 只小鸡，再过两个月全部出栏后他能净赚 1 000 多元。

金宝镇石马垭村村民们热情地拿出当地特产何家坝柚子请远方的客人品尝。村民杨柳英告诉客人，以前村上的公路不通，喂肥了的猪运不出去，何家坝柚子也只能烂在沟里。现在好了，该村的第一轮项目就把修路列了进去。修通了 1.97 公里公路，修建沼气池 11 口，修建石河堰 1 座、引水渠 400 米、便民路 758 米。现在村民的行路难、用水难问题解决了，生活环境大大改善了。亚洲基金一位高级项目官员问村民，如果你现在能够在基金会借贷到一笔大约 5 000到 8 000元的资金，你最想用来做什么。村民何素碧想了想，非常爽快地回答，“用来养猪。现在路通了，国家的政策又好，通过勤劳养猪肯定能够过上好日子”。

CDD 试点项目在社会主义新农村建设中的后座力量

张　俊　国际行动援助

三合乡三东村是四面环山，仅有一条村级沙石路通往 8.3 公里以外的集镇。在 CDD 试点项目实施两年多的时间里，村民的发展意识和认识得到了很大程度的提高，村民的组织协调能力与生产建设能力有了长足进步与增加、村民的思想更加活跃了，眼光更为长远了，主人翁精神和凝聚力增强了，做事情更有目标和计划了……同时，该村是一个相对偏僻、现代经济与文化较为欠发达的一个行政村，但是地处典型喀斯特地貌的三东村依然留有鲜明的壮族农耕文化，有着壮族丰富的传统农业生产技能技艺，传统、淳朴的民风民俗留存比较完整，邻里之间仍然保留着人类本真的生态、和谐与宁静；并且由于壮族长期以来形成的民族心理、精神诉求和民族信仰与祭祀活动习俗对自然、生态资源以及社区文化的保护和传承都起到了积极的作用。也正是这些无形的因素为 CDD 试点项目的顺利开展，并取得良好效果做好了原生态的铺垫与准备，也正是中华民族几千年以来的历史与文化的沉淀与积累……也正是这些无数的原生态的村落文化造就了和谐、稳定、欣欣向荣的中国！

一、CDD 试点项目实施效果及影响

三东村在 2006 年 6 月，作为开展 CDD 试点项目的一个项目村，CDD 试点项目覆盖 8 个自然屯 3 365人。耕地面积为 2 457亩，其中：水田 839 亩，旱地 1 618亩，主要的经济作物是大米和玉米，

人均口粮为560公斤。全村劳动力1 369人，男818人，女551人；外出务工957人，男529人，女428人。留在村里的大部分群众都是从事农业生产和小规模的乡村经济活动。目前为止，该村共完成45.7万元的项目。共新建村级道路8公里（机耕路），新建水利工程共2处，电力工程1个（更换变压器），整个社区只有一家私人开的诊所，社区文化中心1处。屯内道路6公里，屯道硬化8 840平方米，沼气池申请资金0.9万元，参加项目培训600人次。由于社区发展基金这个项目对社会的发展机制体系的要求比较高，所以综合全面情况选择了那莽屯作为首期的试点屯，在项目开展的过程中所有农户自愿配股，村民入股资金0.45万元，50元为1股，年利率为10%，周期为1年，每户贷款上限为3 000元。目前，申请项目资金2万，共发放2.4万元贷款，账户余额为500元。使用社区发展基金的农户大都从事家庭养殖业：养猪、牛、马等大型牲畜，其中一户用发展基金从事直接的商业经营活动。

在村头可以看见一条宽阔、平整的沙石路通往村里。进入村里，走在村民自己动手修建的屯内硬化道路上心情也骤然轻快了许多。但是外来的人却不知道以前的屯道是多么的泥泞。在三东村的8个自然屯中现在已经有4个屯铺完了屯级硬化路，可以到达每家每户，村级公路可以通到每个自然屯；修建的蓄水池或者使用水泵抽取地下河的水引入到户，现在人和牲畜都用上了卫生、洁净的水；比较贫困的群众用社区发展基金进行了正常的农业生产和家庭副业增收，该子项目的实施解决了农村贫困农户农副业生产中贷款难的问题。试点村屯的农副业经济发展，村容村貌呈现出了新气象，邻里关系的和谐，群众的卫生习惯改善，尤其是社区初步建立起来的可持续发展机制与村规民约更让人强烈地感觉到村民在和谐社会构建与新农村建设中的巨大力量！房屋墙上不时进入视野的“CDD项目是咱老百姓自己的项目”、“CDD项目是我们老百姓自己说了算”等宣传标语，CDD项目的抛砖引玉，表达着村民建设和谐家园的迫切愿望。

三东村实施CDD试点项目两年多以来，给村民的日常生活和农业生产带来了便利的条件：解决了大多数自然屯的人畜安全饮水、村内交通状况；自然资源与环境改善项目的开展，有效地促进了社区内的生活环境与多年形成的不良的卫生习惯有了明显的改善，社区周边的自然生态环境保护也引起了群众的进一步重视；贫困群众通过社区发展基金子项目获得了农业生产和经济增收的必要资金，村民在村里就可以比较容易地得到资助，解决了村民在农业生产中的资金瓶颈问题。通过三个子项目的顺利实施，社区的生活设施、自然生态环境、农业生产以及经济增收和群众的谋生能力都得到了长足的进步；更重要的是社区中在公共事业、组织结构、能力提升等方面已经基本形成了可持续的发展机制。因此，社区主导型发展试点项目理念和操作方法在村级层面的实践中初步实现了项目目标，得到了群众的认同和赞许；更重要的是探索出了一套切实可行的可持续发展机制。

二、CDD 试点项目的决策权在社区

以社区群众自我组织、自我管理、自我发展的 CDD 试点项目，其核心价值是在社区建立可持续发展的机制与社区群众充分参与的能力提升机制。也就是在社会主义新农村建设中如何实现农村社区的民主治理、村级层面的赋权以及妇女参与极其个体和集体的能力建设。社区主导型发展试点项目是将项目资源和决策权完全交给社区群众，从项目的提出、项目竞选、项目物资采购方案、项目工程实施方式、项目监测、项目评估与投诉等一系列的项目活动的开展，在这个过程中群众尽可能地参与到项目的每一个活动环节，而且要求妇女人数必须达到总人数的三分之一；在每个具体的项目活动中村民可以充分地表达自己的想法与意愿，让自己的声音在 CDD 试点项目中发挥作用。同时通过项目活动的开展也建立起社区的治理、投诉和参与社区建设的可持续发展机制。

从项目信息的宣传开始，项目管理与协助机构都始终围绕“群众参与决策”的核心。项目开始前，由群众大会推选出屯级项目实

施小组和监测小组，实施小组组织召开自然屯群众大会，群众各自提出自己认为目前最需解决的公共困难和问题，表达自己对社区公共事物的看法，并在讨论中学会站在他人的立场和角度思考问题；然后分为男女两组进行匿名打分，最后得出每一个屯的项目上报行政村参加评选。每个屯在群众大会上推选实施小组代表和村民代表参加行政村的项目评选，在行政村的项目评选中得出最终的项目。在项目的申请、资金管理、项目质量的控制和不合理现象的投诉中，村民学会了维护集体和个人利益，在社区主导型发展试点项目中实现个人与集体的利益。同时，项目的各级管理机构都高度尊重群众的意见针对出现的问题做出积极的回应，认真、及时地调查问题和存在的原因并给出切实可行的解决方案，提升和加强了党和政府在基层社会的影响力和领导力。

社区发展基金子项目，采取项目资金和群众配股的方式。极少数农户的确拿不出配股资金时，村里集体讨论并形成一致的解决方法：赠股或免配股。这样解决了最贫困农户的配股问题。更重要的是贫困农户得到了其他村民的心理认同。当然农民需要分析基金可能给自己带来的利益和风险，实施小组、监督小组和所有村民还需要讨论制定基金的监督、管理方法以及如何规避风险等等。项目实施小组和监督小组的成员在项目建议书的撰写、财务制度与方法、组织协调技巧等方面的能力有了较大的提高。因此，社区主导型发展能够充分发挥农民的主体作用，促使农民在学习中实施项目，在实施项目中锻炼自身能力，能够有效提升农民的民主管理能力和发展能力。社区自己解决自己的问题的项目操作方式让群众耳目一新，老百姓感到权力是在自己的手中，自己真正当家做主人，村民更容易理解和认同 CDD 试点项目。

三、群众能力提高了，得到了实惠

CDD 试点项目主要是把选择项目的话语权和项目资金完全、直接地交给社区群众。一方面避免了资金的跑、冒、滴、漏；另一方面村民自己根据村里的状况决定选择项目和管理，监督项目资金的使用增强了村民对项目的拥有感和责任感，老百姓从根本上认识到CDD试点项目是自己的项目。在意识上，群众认同和接受了CDD项目；所以社区的源动力被真正地激发了起来。群众在项目的持续活动中，由以前不善于表达到现在乐于表述自己的观点和想法，并及时提出自己比较有创新的想法。作为外来人，我们也感受到人民群众的伟大智慧。特别是妇女在项目活动中充分表达自己的诉求和声音，妇女在社会中扮演的角色和承担的社会责任与男人不同；所以妇女从自己的观点和立场出发，为村里的公共事业的发展献计献策平衡了社区的发展方向和项目质量。

那莽屯用发展基金从事商业经营活动的农户，许大德家共四口人，水田共0.9亩，旱田2亩，还不够一家人的口粮。主要种植玉米、黄豆，没有任何经济作物；也没有家庭副业，用他妻子的一句话来说，就是：CDD项目实施以前，我们在建好房子后就是栏里无毛——没有鸡、鸭、牛、马等家禽和牲畜。家庭经济一直比较紧张，所以，两个女儿初中毕业后都外出务工了。社区发展基金子项目开展以前，许大德一直往返于靖西县和上思县之间。种收甘蔗的季节，他要到上思县帮别人种收甘蔗，挣钱补贴家用，然后又返回家中劳作自己的田地。家庭人平均年收入在800元左右，这样既辛苦又攒不下钱，因此生活状况一直得不到改善。在2008年8月8日社区发展基金子项目正式运行后，他从申请3 000元的贷款用以瘦牛育肥；一般育肥周期在一个月以内。目前许大德家，不仅还完了建房时欠下的四千多元债务而且栏里还有黄牛、水牛、马各一头。按目前的发展势头看，他们家的人年均纯收入将达到一万元左右。许大德的妻子许秀连说："用社区发展基金好，救活了家里的经济也还上了盖房子欠下的债而且改善了生活，又有了结余，真是个好项目，有生以来也是第一次遇上这样的项目！"也如国务院外资项目管理中心技援处刘胜安处长在接受红旗画刊采访时所说："的确，CDD是我国第一次将资金控制权和项目决策权以及资金的使用权直接、完全地交给社区的扶贫项目，贫困农民享有脱贫和发展的主导权;”“但是，也就是在这些方面的‘创新’，才会逐步体现出社区主导型发展模式的优越性。”

上东屯的村民们在 CDD 试点项目开展前，最害怕的就是每年的4~9月，这段时间的雨水太多，村里的道路狭窄，雨水、泥泞和污水混着牛马、鸡鸭的粪便让人无法行走并且冒出一股股臭气! CDD 试点项目第一轮基础设施项目开展后，该屯得到了屯道硬化项目。村委会、项目实施小组、监督小组和村民一起齐心协力地投入项目建设中，申请的1.5万元项目款全部用来购买项目材料，人工全部由村民投入；在项目资金极其有限的情况下，村民并没有退缩而是以更大的热情建设好他们自己的项目。屯道建设好后，村民出行也方便很多，再也不怕下雨了；并且屯里的卫生环境得到了很好的改善，以前动物的粪便混合在泥土里，没办法清扫，现在可以轻易地收拾了。用村民的一句话：CDD 项目让我们老百姓走上了干净、利索的路，也让我们走上了康庄大路!

四、党员、干部的积极性提高了，责任心更强了

中国改革开放几十年以来，特别是在农村实行大包干的家庭联产承包责任制以后；农村的集体活动几乎停止了，集体的财产分掉了，公共的活动场所销声匿迹了，每家每户都各顾忙于自己的生计。邻里关系疏远了，社区的人文系统受到了一定程度的威胁。外出务工在实际生活中也给社区的集体活动带来了负面影响。党员、干部的号召力与积极性也有了一定程度的挫伤。以 1998 年县扶贫办在开展“村村通”的项目为例，当时扶贫办把通向三东村的一条村级公路项目承包给包工头，村民和村里的党员、干部对此项目基本不了解。项目开展不到一半，包工头就拿着项目款跑掉了；后来经过村干部和县扶贫办多次沟通也没有进展，这条路直到 CDD 试点项目开展才真正平坦。现在，路况得到改善后，已经有乡村公交车开进村来了；方便了群众的出行和对外信息的获取与交流，进而

促进了农民的经济生产和丰富了群众的生活。

在传统的扶贫项目中，政府的相关职能部门只是充当了一个给“钱”的角色，没有考虑到群众的需求和群众的参与，没有考虑到发挥社区的积极性和主动性，更没有把握住“从群众中来到群众中去”的农村工作方法。所以也就失去了群众基础，因此，老百姓也不知道项目资金到底是怎么在使用，到底用到那里去了，还剩多少，等等问题……造成了项目资金和项目过程的不透明、不公开从而使项目失去了公信力，造成了社区和上级政府之间的相互不理解，并且影响了政府在老百姓中的诚信。村干部和党员也处于比较尴尬的角色，群众工作较难开展，经常连一个群众大会也不能让大多数村民都到场，因此，党员、干部的工作积极性不高。

在三东村的村级公路项目中，CDD 试点项目在充分传播项目信息、社区发动以及项目的各环节的培训后才真正启动，项目资金由老百姓管理、使用和监督，并且在项目物资采购、资金管理、财务公开、透明及时向村民反馈信息而且还设置了项目各级管理机构的投诉机制。CDD 试点项目的开展，群众的积极性和热情被点燃，群众容易组织了，自然党员、干部的干劲又回来了。群众和党员、干部都说：“从解放到现在，我们是第一次遇上这样的项目。”村干部、党员协助各屯项目实施小组组织群众集资和投工投劳，动员群众积极参与公共事业的建设活动。三东村的村级公路项目建设中，所有村干部和党员参加一周的劳动，同时组织 8 个自然屯按劳动量和时间顺序投入项目建设活动，以保证村级公路顺利开通和工程质量达标。同时，在开展 CDD 试点项目的少数村，类似的涉及几个屯的项目时，项目的建设任务和集资就落在申请项目的那个屯，其他屯没有认识到自己也是这个项目的受益者。所以，党员、干部带领村民共同认识到 CDD 试点项目是村里所有人的事情，从思想和意识上认识到这一点是很重要的！三东村的 CDD 试点项目开展，有益地促进了干群关系和自然屯之间的协调关系以及村民之间的邻里关系！村民的积极性和参与意识的提高极大地激励了党员、干部。在党员的组织生活中，CDD 试点项目也成了一项主要内容，党员、干部不断为村里的发展寻找更加可行的出路；同时CDD试点项目也密切了党员、干部和群众之间的关系。党员、干部也感到现在的群众工作好开展了，他们也从CDD试点项目中再一次找到了自己的位置，正带领村民奔向更幸福的生活！

五、传统的社区文化、民族信仰对CDD试点项目的积极影响

国务院扶贫办夏更生副主任在接受红旗画刊采访CDD试点项目时提出：和谐，不仅是一种状态，也是一种过程的观点。并进一步阐述，社会主义和谐社会的总体要求是：民主法制，公平正义，诚信友爱，充满活力，安定有序，人与人，人与自然和谐相处。一个完整的传统村落，本身就是一个完整的社会、政治、经济与文化的生态单位。村民年复一年，日复一日地在村里发生着社会关系、经济关系以及传承和更新自己的文化。因此，时间久了就形成了适合于社区发展的制度；社区也由此实现自己的功能。相对偏远的社区，传统文化受到外来的冲击较少，所以社区的和谐的邻里关系和人文环境有利于公共事业的开展。

在很多村头，我们可以看见一棵很大的榕树。壮族人民有自己的民族信仰，他们崇拜自然，把大树、高大的石头等当作自己的神，并且在民俗节日都要举行隆重的祭拜仪式并赋予丰富的内涵和社会意义。也正是留存较好的民族传统文化与民族信仰和民族心理对社区的集体活动、自然资源的保护起到了积极作用，产生了良好的影响。传统社区的民主治理、公平正义，诚信友爱，充满活力，安定有序，人与人、人与自然和谐相处的状态在CDD试点项目中的作用是不可估量的。在CDD试点项目中需要恰当地发挥其作用，并结合社区的不同状况不断地更新和完善这种和谐的状态；所以CDD试点项目也是一个构建和谐的过程。

现代社会和传统社区的发展在现阶段是相互作用的，关键是要在两者之间找到平衡点。使现代社会和传统社区产生相互的积极影

响和作用，保持各自的特色，平行发展，互为补充。党员、干部和项目实施小组可以 CDD 试点项目为载体，结合本村的实际情况适当引入现代社会的积极元素融入传统社区，使传统社区在现代化的过程中保留并发展自己的民族传统气质又积极吸收现代化因子促进社区和谐、健康地发展。

六、CDD 试点项目对社会主义新农村建设产生的深远影响

在中国社会关键的转型时期，党中央提出社会主义新农村建设的伟大构想是从中国社会的最基层贯彻落实科学发展观、构建和谐社会的全局出发，作出的重大战略部署。CDD 试点项目的目标是要实现社区群众的“自我组织、自我管理、自我发展”，这与社会主义新农村建设所倡导的“乡风文明、村容整洁、生活富裕、管理民主、生产发展”的目标是一脉相承的。CDD 试点项目在社区建立可持续发展的机制与社区群众充分参与的能力提升机制为社会主义新农村建设做了良好的铺垫，从发展的机制、能力建设、人力资源优势与基本的生活生产设施为新农村建设的腾飞做好了准备。

在 CDD 试点项目中，首先，是把资源的决策权、使用权和监督权完全交给社区群众，从而增强了老百姓对项目的拥有感、责任感和归属感，并让群众深切地感受到被尊重、被重视、被认可的自豪感；因此，也提高了项目资金和资源的利用效率。CDD 试点项目在资金的管理使用、项目建设、能力提升、监督投诉的机制中都由村民自己参加大会，讨论并形成有效的方案；规范了相关群体的行为与思想。在原有和谐的社会环境中增添了可持续发展的元素，同时人文关怀也融入了社区。

其次，乡村民主治理得到初步实现，干群关系明显改善，政府的形象和公信力得到进一步提高和加强。通过 CDD 试点项目这个平台，老百姓有了表达自己愿望和发出自己声音的机会和载体；初步实现了村级层面的民主治理，也促进了党员、干部和群众之间的沟通和信任。

在CDD项目实施过程中，从项目实施小组、监督小组的产生、项目评选、项目实施的整个环节，都为村民提供了参与社区公共管理的渠道和机制，形成了社区内部的权力制衡机制，找到了利益的平衡点，特别是党员干部的认可度得到了提高。CDD试点项目形成的民主治理与村民参与的机制不仅直接影响到村委会的工作方式，而且对村委会成员的选举产生了巨大作用，在最近的村委会直选中，开展CDD试点项目的村、屯选出了群众自己比较满意的村干部。由此，更进一步密切了干群关系，老百姓积极性提高了，村干部的责任感也更强了，有利于社区公共事务的质量提高与和谐社会的构建。

最后，社区的传统文化得到了较好的传承和创新，为新农村建设增添了和谐文化元素。CDD试点项目将项目资源、资金的决策权、使用权与控制权完全交给社区，形成了一个自下而上的动力体系，有效调动了社区村民的参与积极性，推动了乡村传统文化的创新，加强了社区的凝聚力。在CDD项目中，农民强烈地感觉这是他们自己的事情，他们积极地管好钱、用好钱、自觉组织参加项目活动、积极协商、互相谅解，在村里形成了良好的社会风气，邻里之间的纠纷也减少了许多。群众的社区环境意识、社区行动能力、农民的集体意识、维护自身利益的意识、民主自由的意识得到了相当程度的唤醒和成长，有效地促进了基层政府的职能转变。

综上所诉，CDD试点项目为我们目前的社会主义新农村建设提供了恰当的经验，我们需要在实践中不断完善和推广。从革命时期到新中国成立初期再到我国的经济体制改革时期，“从群众中来到群众中去”、“一切相信群众，一切依靠群众”是在实践中验证的真理。特别是在中国三十年农村改革实践过程中反复证明：我们要相信农民是有足够能力的，他们是有智慧和创新精神的。在CDD试点项目中以社区为主导，充分地尊重了农民的选择和权利，充分地相信群众，把项目交给群众去做，因为农民自己最清楚他们需要的是什么，自己的问题应该如何去解决……因此，CDD试点项目取得了真正的突破和进展，这也为目前的新农村建设探索出了一条可借鉴的道路。

看似寻常最奇崛

——亲历世界银行第五期扶贫贷款项目工作的感悟

冯　玲　重庆市万州区扶贫办

“路歧之险夷，必待身亲履历而后知。”如果说实施世界银行第五期扶贫贷款项目是为了给新时期的扶贫开发工作创新一种机制，探索一条新路的话，那么我们倾情的参与，就尤具开拓意义。虽然说万州过去两年的工作都是在为项目实施做准备，但我们的经历却是如此的不平凡，其间有兴奋，有苦闷，有激动的喜悦，也有迷途的徬徨，而更多的则是亲历过程的感动和过程中所收获的感悟——就像凤凰之于涅磐，也许我们改变的不仅仅是自己。

感悟之一：能够参与是最大的快乐

2006 年的 11 月 1 日，我区被正式确定为世界银行第五期扶贫贷款项目区，这就意味着我区将争取到 500 万美元的扶贫贷款，这不仅仅在万州乃至整个重庆也是首次。整个扶贫办从上到下都兴奋不已，这笔贷款对于资金严重短缺的扶贫开发工作来说无疑是雪中送炭。也就在这天，领导决定让我所在科室具体来负责此项工作。老主任语重心长地告诉我：“小冯，外资工作是非常艰苦的，但很锻炼人，好好做，一定要争取成功！”当时我完全沉浸在对新工作的兴奋之中，并没有预想到其中可能深味的甘苦。我想从参加工作以来，每一步经历不都是一次挑战吗？况且从事扶贫工作三年多了，我走村入户、爬坡上坎，历尽甘苦，不也走过来了吗？能够参与扶贫开发世行项目从未涉足的领域，正是我梦寐以求的事情。我当即表态：“我一定按上级领导和世行的要求做好分内工作。无论有多苦多累，我都愿意去承受。”于是，一个全新的领域和富有挑战的行程就这样在我们面前展开了，一系列新的名词、新的理念就这样纷至沓来，一项项艰辛的任务就这样不期而至。

感悟之二：其中的甘苦非亲历者不足以道

怀着长路初发的好奇，2007 年初，我参加了由国务院扶贫外资中心在河南郑州举办的第一次世行五期扶贫贷款项目动员会暨业务培训会。随着培训的展开，我隐隐感觉到这项工作的艰辛与沉重，一串串陌生的字眼，一道道复杂的程序，听过，看过，却依然有找不到边的感觉，几天来，我在教材上打了十多个特大的“?”。这是一次彻底洗脑的过程。

回到万州，千头万绪的工作有序展开。区协调领导小组和世行项目办随即成立。扶贫办增设了外资项目科，我被任命为科长。领导的重视和信任鼓舞着我们工作的激情。我们精心筹备着世行团到来前的工作。迎接世行考察团和准备团的到来，是对我们常规思维和作为的第一次“棒喝”。各位专家对项目村的选择，以及一些项目准备活动表示不很满意，他们严谨的工作态度和敬业精神，深深地震撼了我们。一切推倒重来，办领导要求我们马上重新作深入细致的调查，如此浩繁的工作量，让人手紧张的外资科顿时陷入困境。

达成项目区老百姓一致的心理认同和模式认可更是拷问着我们的感情天平和群众工作艺术。八月的万州，骄阳似火，项目办一行人行走在项目村不能通车的公路上，每到一地，顾不了喝一口水，便投入工作。当我们宣传五期项目讲五期项目的参与式理念时看到的是一张张困惑和迷茫的脸，我不仅一阵阵心焦。而提及要自己选择项目时，早已等得不耐烦的村民七嘴八舌，有人说修路，又有人说要修学校，莫衷一是，争论不休，一个个整天半日没讨论个眉目出来……于是，我们又开始不厌其烦地宣传引导。一天下来，我疲惫不堪，不想说话，也不想吃饭。半个月过后，我整整瘦了四五斤，人也被晒黑了。同事开玩笑说："外资工作果真好啊，还可以瘦身。"

被打回的"作业"认真重写后也并没有能轻松过关。好不容易做好了参与式村级规划，可没多久，国务院扶贫办外资中心通知社区发展项目要按 CDD 的模式来做，就是让村民自主选择、决定、实施和管理项目，并且要将项目的资金直接交给村民自己来管理。虽然在其他省市已有较成功的典范，但在我区是否可行不少人都打了个大问号。我们忧喜参半，喜的是如果真能实施并且成功，那我们的贫困村将获得可持续发展的动力，忧的是我们村支两委是否胜任，再看看那些留守农家的"993861"部队，他们能够有能力参与到项目中吗?

争做一个好学生在批评声中也依然拥有创新的冲动。农民工项目也是世行五期项目中的一个全新的内容。由于我市被列为"全国统筹城乡发展试验区"，因此此项目只在重庆试点。随着政府各部门和社会各界对农民工问题越来越关注，世行的专家对项目的目标要求也越来越高，而我们的项目设计没有达到他们的预期，于是一次次提出了质疑。国务院和市里高度重视，几次聘请了专家为我们出谋划策，一轮轮专家的点评磋商，一遍遍地重新设计，上重庆，下区县，我都不记得有多少回了。调查工作反复进行，不少村主任问我们："你们究竟是在搞研究还是在做项目，一年多时间了，也没个动静?!"

一次否定都是一次扬弃，我们并没有原地踏步。我和同事们一次又一次耐心地做表册，修改项目，重做建议书。有时为了完成任务，在电脑前一坐就是一宿，家里人说："你们这是在玩命啊!"由于长时间伏案工作，我的视力严重下降，颈椎和腰椎也痛得不行，一段时间，只要一坐到电脑桌前就头晕，一听说开会就烦躁。怎么办呢？项目的准备工作几乎陷入僵局，社区自主决策项目让各级领导都深表担忧；农民工项目的创新方案总是不能打动专家；项目乡、镇、村组干部翘首企盼……种种难题，让我们一筹莫展，但又依然要去破解。

感悟之三：越是最困难的时候越需要坚持、坚守和坚强

就在我们做项目最困难的时候，四川汶川发生了震惊世界的8.0级的大地震，地震中灾区人民的坚持自救、救援战士的不言放弃、后方民众的加油呐喊，全国甚至是全世界人民为了一个共同的祈愿，坚守住自己的信念，一个又一个生命的奇迹出现了。正是“5·12”抗震英雄们坚持、坚守和坚强的精神，感召了我们，陷入迷途的项目工作得以柳暗花明、峰回路转。

是的，这是一条“前无古人”却“后有来者”的道路，这是一场对根深蒂固的传统理念和行为模式的挑战，这是一种“授之以渔”而非“授之以鱼”的扶贫模式的取舍，这是一次启发着自觉也导向着自新的解放。坚定CDD理念，坚持走社区主导型扶贫道路，我相信汶川大地震后的奇迹一定会出现在扶贫开发的道路上。

感悟之四：付出的越多收获便越丰盈

苦心人，天不负。我区项目准备工作进入了最后阶段：项目工作人员得到充实；前期工作经费有了保障；区财政局对还贷和配套资金作出郑重承诺；项目可研报告得以正式通过；按竞争入围的方式先导工程村脱颖而出……

700多个日子悄悄过去，我们付出许多，但我们收获的却远远多于付出。作为我们的工作团队，收获的不仅仅是项目和项目资金，收获的更是实施项目的崭新能力，我们还收获了诚信，收获了管理。作为项目村的群众，收获了CDD的理念，收获了自主、自强，收获了自信、自尊，收获了自我管理的民主，更收获了自我超越的本领。而作为我本人，收获了太多的感动、感激和感悟，收获

了从事规范项目工作的经验，收获了矢志不渝的坚韧，收获了无怨无悔的感恩之心。

“行百里者半九十”。世行五期项目准备期即将结束，但这依然只是万里长征走出了“第一步”，更多的艰辛和挑战还等着我们。行进在这条路上，我常常会默念那些生于穷乡陋巷父老乡亲的渴望眼神，常常会唤起心中油然而生的厚重责任，常常会感慨这探索之旅的遥深漫漫。正如鲁迅所说“其实地上本没有路，走的人多了便成了路”，我相信，五期世行项目所开创的“新路”会越走越宽，路上的同行者会越来越多，而我们的步履也会越走越从容，前景越走越光明。会心的人们，会感动常在，感悟常新。

衣带渐宽终不悔

——徐海青倾心投入外资扶贫工作

李世贤　重庆市扶贫办外资处

视责任重于泰山

在新的历史时期，扶贫开发工作迫切需要引进新理念，探索新机制，提高扶贫效益。正是在这样的背景下，我市努力争取到了世行项目——中国农村贫困地区可持续发展项目。对重庆市扶贫办来说，外资扶贫是一项全新的工作，在无机构、无人员编制、无工作经验的情况下，办里决定让徐海青单枪匹马“赶鸭子上架”。徐海青接受任务后，一方面他感到如千斤重担压力很大，另一方面他又觉得是神圣的责任，而且视责任重于泰山。

徐海青从从事外资工作的第一天起，他就始终以强烈的事业心和责任感投入工作，工作中时常没有八小时工作制和周末的概念，总是加班加点。两年多来，再也没有休过公休假。2007 年的国庆节仍然坚守在外资扶贫工作岗位上的他，由于劳累过度，突发心脏病，累倒在办公室里。当他从医院里醒来，不听医生的劝阻，又坚持回到了工作中，他就这样靠打着吊瓶工作了整整一个假期。

在项目前期准备工作中，徐海青特别重视调查研究和掌握第一手材料。项目准备之初，他几乎走遍了各项目区县的项目村，所去的地方大多处于交通不便的边远山区，由于道路崎岖，车子根本无法前行，更多的是徒步而行。打了血泡的双脚，踩在地上钻心的疼；渴了就喝山间流淌的溪水；饿了就吃上两口自带的干粮。去年的深秋时节，他到酉阳县的边远山村调查，阴雨连绵，山路险峻，汽车常常擦着悬崖边走，平时就需要2小时的车程，走了4个小时还没有到达。后来，车轱辘陷入沟中，差点翻车。徐海青一行持续十几天深入山区，走村访户的工作都是在冰冷的阴雨中完成的。因劳累过度，体力大大透支，他病倒了，但这并没有影响他的工作，依然率队爬山涉水，进村入户，深入调研。连续多日马不停蹄的奔波支撑着他的不是身体，而是意志。正是因为深入细致的调查研究，为他撰写项目材料、制定项目计划提供了详实可靠的第一手资料。徐海青说，从事外资扶贫工作虽然困难很多，但他并没有退缩，依旧热心这项工作中，因为有一种信念支撑着他，那就是帮助贫困群众脱贫的社会责任感、使命感，有了这种信念，再苦再累也觉得值。

讲奉献不计付出

只要谈起外资扶贫工作，徐海青总是激情四溢。然而，谈起自己的家庭，他却变得沉默起来。他的母亲，在2007年被查出胃癌晚期，母亲重病，他大多时间不能在其身边照顾，为了不让大家操心，一直向大家隐瞒他母亲的病情，总不愿提起，将伤痛深深埋在心里。让他牵挂的还不仅仅只有母亲，还有他完全丧失劳动能力，一天比一天病重的妹妹。同事们知道情况后，让他减少手里的工作，抽出一点时间照顾老母亲和妹妹，可他仍然默默地投入在繁重的工作中，他自身的困难和痛处不想让别人分担，但他总是特别关注处在特殊困难之中的他人。当汶川大地震发生后，中组部在全国组织系统和广大党员中开展自愿缴纳“特殊党费”支援灾区活动，虽然家里有重病的妈妈还有妹妹需要医疗营养，可徐海青在为灾区已经捐款后，又毫不犹豫拿出1 000元钱缴纳特殊党费。他说因为工作我不能亲赴灾区出力，我只是尽自己的微薄之力帮助灾区，也许这点钱对于灾区来说只是杯水车薪，但是我相信，只要每个人都奉献一点爱心，灾区人民一定可以早日走出地震的阴影，走出地震带给的伤痛。

求进取努力争先

徐海青对同事来说，是一个亲和力很强的人，但对待自己的工作，却是个争先恐后的人。自从投入外资扶贫工作以来，他深感自己在知识、理念和业务上不相适应。因此他总是如饥似渴地学习新知识，学习从事外资扶贫项目的新思想、新理念、新方式。他常说，要在工作中舀出一碗水，自己必先装有一桶水。要搞好外资扶贫工作，就必须刻苦学习，向书本学、向专家学、向领导学、向基层的同志学，边学边思考，方能拓宽视野，提高水平，增长才干，适应工作。

在工作中，徐海青不仅始终坚持刻苦学习，而且特别注意工作思路的创新。他总是说，只有坚持创新才能赋予世行扶贫项目真正的意义，才能打造出自己的亮点，才能不落人后。徐海青作为重庆市扶贫办外资处处长，世行项目办主任，正是由于他带领精干的团队刻苦学习，苦干实干，勇于创先，才能在重庆的世行扶贫项目工作中人员最少、经费最少、工作基础最差的情况下，仍然干得比较出色。

梅花香自苦寒来，功夫不负有心人，我市的外资扶贫项目工作已顺利通过了世界银行的正式评估。世行评估专家对我市的项目准备工作给予了充分肯定和高度评价，认为项目整体质量较高，项目的设计及内容符合世行项目的理念及要求。世行评估团及专家在总结中特别肯定了我市的农民工支持分项目，指出：农民工支持分项目设计的内容有很好的创新、创意和特点、特色，并且符合重庆市农民工的实际情况，也较好地体现了城乡统筹的思想。这些成绩的取得，凝聚着徐海青的心血和汗水。

下　乡

杨　斌　山西临猗县国际局

一

轿车驶在田间道上
我的心无比激荡
因为我是陪着领导
下乡检查世行贷款执行情况
一路上一片丰收景象
硕果累累，枣红叶绿
打开车窗
飘来了阵阵秋收的清香
领导高兴地问短问长
我忙介绍这里的情况
领导脸面流出红光
我心里明白
因为这眼前的景状
蕴含着我们世行人的初衷和盼望

二

车刚驶进镇府街上
司机突然刹车减挡
原来前方挡住了我们行进的方向

放眼一望
街道全成了红枣市场
领导欣慰的下车忙问情况
群众高兴地一拥而上
他们把红枣递到我们手上
告诉我们品质多好
让我们亲口尝尝
面向我们像争唱丰收歌一样
今年能有这样的好收成
全凭咱世行贷款帮忙
你们是我们的财神
你们给我们的恩惠永远记在心上
红枣摆成一片汪洋
枣商枣客个个繁忙
一宗宗生意急急成交
一沓沓人民币
使劲往群众的口袋流向

三

机来人往，熙熙攘攘
一片丰收繁忙景象
突然街头的喇叭里传出音响
原来是胡总书记在北京人民大会堂
向党的十七大作政治报告演讲
字字句句浸透着老百姓的热切愿望
人们不约而同地振臂齐唱
高举旗帜，改革开放
坚持科学发展观的伟大思想
把我们的事业建设得更加美好兴旺

人人的心都凝聚在胡总书记的报告上
想着未来的幸福，盼着更高的期望翱翔
我暗暗下定决心努力工作
一定要把世行的能量
在十七大的旗帜下释放出更灿烂的光芒

运歌行

毛晖林　山西运城市国际金融组织贷款管理局

回溯10年，“运城地区行政公署世界银行贷款办公室”和“运城地区行政公署扶贫项目办公室”甘霖润地，施惠于民。我有幸参与、见证，多少酸甜苦辣，十载成长年华，青春与汗水，梦想并光荣都于此伟业中历历在目。今借唐朝高适《燕歌行》之体，忝成《运歌行》，期能记录历史，成就时代，激我奋进，再展宏图。

一

我辈运城人，今作运歌行。
运城自古称中国，山水积翠孕华族。
汾黄两水通天去，麦香袭岸稔声激。
盐湖有情依条山，食盐助力天下强。
天生帝都尧舜禹，肇有中华文明根。
后稷稼穑民得饱，嫘祖养蚕民不寒。
傅说版筑有广厦，风后指南路不迷。
衣食住行遂由好，文伴大河再传播。
文侯武将彪青史，经史子集漫高名。
不言关帝炳华夏，先道陶朱慧眼至[①]。
猗顿从计埒王公[②]，计然财法不逊兵[③]。
五谷丰登常盈余，六畜兴旺家可安。
炎黄蚩尤战鼓停，即我凤占晋鳌头[④]。
无奈列侵国临危[⑤]，深秀烈难慷而慨。

日寇欺我觉醒晚，铁蹄践踏戮三晋。
红军奋起东征来，八路扬威平型隘。
其时早有热血男，四野响彻国际歌。
枪出政权共产党，天下驰誉河山统。

二

我辈运城人，今作运歌行。
历史辉煌祖先功，而今发展看吾侪。
凤凰涅磐肇好运，“四大一强”绘宏图[6]。
汉武抗匈王霸策，世行引资福祉谋。
男儿本自展宏图，时代非常赐颜色。
愿将一腔报国志，化作强市壮歌赋。
九二前期筹措忙，九五“双办”始笃行。
惠民政策写新意，农、卫、教列前三项[7]。
农业固本需强基，开发投资占首位。
十二亿元用刀刃，民生巨变景色新。
基础设施大改观，资源配置皆优化。
产业调整大促进，农副产品增效益。
浪店灌区配套成，禽畜也饮矿泉水。
经济林密飘果香，滩涂开发叠翠影。
水产养殖钱满袋，草地畜牧喜银行。
日光温室溢绿彩，乡村油路菜车忙。
脱贫早成过时语，致富才是新词汇。
十年一剑十年功，人民笑颜抒心声。
世行专家知我意，“非常满意”OK 频。

三

我辈运城人，今作运歌行。

运城魅力唯人文，而今我歌添新意。
粮棉油果能持久，红枣核桃垦“三荒”。
黄牛奶牛齐步走，梅花鹿共灰鹤舞。
河川综治稳中升，卫、教康智双丰收。
情知此事非常力，帷幄运筹须践行。
刘局习惯身先士，我辈即时作阵云。
“三个一”定大局面[8]，两支队伍常胜军[9]。
河川治理攀新高[10]，“三农”不辞急先锋。
纵然“二创”征战苦[11]，不惧年华逝东流。
总理批示心扉暖[12]，省长撰文壮胆魂[13]。
“全球样板”名副实[14]，“合作伙伴”堪信赖[15]。
一等功非寻常赠[16]，劳模更是实至归[17]。
媒体争报春意闹[18]，应解春艳看春根。
君可知，中部崛起排头兵：
我与同事重抖擞，今日起誓再逐鹿。
装点河山铮铁骨，推我山西龙旗舞。
天时地利正弄潮，山歌就与鼓声彰。
卧薪尝胆从头起，破釜沉舟再搏击。
从此复兴会有期，我辈自豪“国际”人，
从此小康会有期，我辈自豪运城人，
从此和谐会有期，我辈自豪中国人。

注：

①陶朱公范蠡在勾践灭吴后，携西施离越赴晋，隐居在运城盐池边（今盐湖区陶村）避祸、致富。

②猗顿（今临猗人）向陶朱公请教致富之策，欣然按陶朱公指点的“畜牧、贩盐、珠宝”之计而成一代大富豪，富过王侯。

③计然，春秋时晋国大臣，是我国最早的经济学家之一。他根据晋国在农、桑、盐、铁等方面的实际情况，大胆探索其中的规律，写成《财法》十三篇，用于指导人民经商或生产致富，其地位不逊于在战争中的《孙子兵

法》。

④从 5000 年前的黄帝占蚩尤起，河东大地的经济、文化都一直属三晋大地最前列，有“山西乌克兰”之美称。

⑤指 1840 年鸦片战争后，列强开始大规模侵略我国，带来 150 年之久的半殖民地、半封建的屈辱。

⑥指运城市的“十一五规划”的宏伟发展大计。

⑦指我市利用国际金融组织贷款项目主要是世行贷款项目具体包括卫生、教育、农业扶贫三大方面。

⑧“三个一”指我们的“一支队伍”、“一批项目”、“一个通道”的总体目标。

⑨指通过项目实施，培养了一支高素质的管理人才队伍和一支懂技术会经营的世行项目户队伍。

⑩指河川流域农业综合治理项目。

⑪指我们的“二次创业”。

⑫指 1997 年原国务院副总理姜春云同志批示：是个好项目，希望继续努力办好。

⑬指 1998 年原山西省省长孙文盛同志发表《开发式扶贫、持续性发展》署名文章，在全省推广运城的项目管理经验。

⑭⑮指世界银行认为运城世行贷款农业扶贫项目堪称为全球的样板工程，运城项目是“可信赖的合作伙伴”。

⑯指 1997 年运城世行办被山西省劳动竞赛委员会荣记集体一等功。

⑰指 2007 年，刘峰局长被评为“山西省劳动模范”。

⑱指中央电视台、山西电视台、《山西日报》、《山西科技报》、香港《文汇报》、美国《侨报》等国内外新闻媒体都报道过运城世行项目的实施成就和先进经验。

重返米汤沟

刘　峰　山西运城市国际金融组织贷款管理局

米汤沟，位于平陆县城 18 公里处，是东沿河公路通往中条山深处之要道，黄河流经漫溢于此，因水呈黄色而得名。著名的三门峡大坝距此仅 1 000 米。沟崖两边，峭壁峥嵘，怪石嶙峋，沟下水深 35 米左右，且地下岩质结构极为复杂。交通阻隔，行路艰难，历代山里人饱受贫苦，望路兴叹。

1995 年，世行贷款平关公路米汤沟大桥项目实施，历时一年多，建成一座长 293.6 米，悬高 70 米横跨东西的大桥。该项目总投资 700 余万元，项目建设使昔日堑壕变通途。时隔 10 年余，重返米汤沟，感而记之。

深秋黄叶漫条山，古虞紫霞挂云天。
东沿河路绕山转，寥廓霜天乐陶然。
黄河东逝天际远，阵阵涛声入耳畔。
米汤沟前极目眺，心潮滚滚逐浪高。
八根石柱擎天立，一桥横亘贯东西。
桥上人车乐不疲，桥下碧水荡涟漪。
倚桥凭栏照眼新，心摇遐思意难尽。
几回梦里返故地，今朝圆梦抒心扉。
回首当年酣战激，兴会无前情依依。